edition suhrkamp 2622

Jospin, Blair, Schröder: 1998 sah es so aus, als stünde die europäische Sozialdemokratie vor einem goldenen Zeitalter. Elf Jahre später hat die SPD 10 192 426 Millionen Stimmen verloren und sechs Parteivorsitzende verschlissen, die niederländische Partij van de Arbeid fuhr 2002 das schlechteste Ergebnis ihrer Geschichte ein, die schwedischen Sozialdemokraten 2006, die österreichischen 2008. Der »Dritte Weg« erwies sich als Weg ins Abseits, längst ist vom Ende einer Volkspartei die Rede. Es sieht so aus, als hätten die Sozialdemokraten keine überzeugende Antwort auf den radikalen Wandel der Arbeitswelt, auf Individualisierung und Globalisierung. Franz Walter, einer der profiliertesten deutschen Parteienforscher und ausgewiesener SPD-Experte, untersucht die Ursachen für den Niedergang der SPD, der, so Walter, schon 1973 begann. Er wirft einen Blick über die Grenzen Deutschlands und fragt, was Freiheit, Gleichheit und Solidarität in unserer Zeit bedeuten.

Franz Walter, geboren 1956, lehrt Politische Wissenschaften an der Universität Göttingen. Er kommentiert regelmäßig das politische Geschehen (u. a. in der *Zeit* und auf *Spiegel online*). In der edition suhrkamp erschienen zuletzt *Baustelle Deutschland* (es 2555) und *Charismatiker und Effizienzen. Porträts aus 60 Jahren Bundesrepublik* (es 2577).

Franz Walter
Vorwärts oder abwärts?

Zur Transformation der Sozialdemokratie

Suhrkamp

edition suhrkamp 2622
Erste Auflage 2010
© Suhrkamp Verlag Berlin 2010
Originalausgabe
Satz: TypoForum GmbH, Seelbach
Druck: Druckhaus Nomos, Sinzheim
Umschlag gestaltet nach einem Konzept
von Willy Fleckhaus: Rolf Staudt
Printed in Germany
ISBN 978-3-518-12622-6

1 2 3 4 5 6 – 15 14 13 12 11 10

Inhalt

1. Die Zäsur
Das Jahr 1973

1973 begann die Welt der alten Sozialdemokratie unterzugehen. Das geschah nicht abrupt, vollzog sich nicht jäh, sondern entwickelte sich schleichend, allmählich – immer auch von Episoden scheinbarer Erholung unterbrochen.

Das Jahr 1973 jedenfalls markierte in vielerlei Hinsicht den Anfang vom Ende des klassischen, des proletarischen Sozialismus. Gewiss, als Sozialwissenschaftler hat man mit einigen guten Gründen skeptisch zu sein, wenn der zeitliche Ausgangspunkt längerer Entwicklungsprozesse auf ein einziges Jahr datiert werden soll.[1] Und natürlich begannen einige der gesellschaftlichen oder ökonomischen Trends, welche die Grundlagen für die Sozialdemokratie unterspülten, in Teilen bereits zuvor, in anderen Teilen wohl erst ein wenig später.

Und doch: 1973 bedeutete eine Zäsur, war ein wirklich tiefer Einschnitt.[2] 1973 ging vieles zu Ende, kulturell, gesellschaftlich und – vor allem – ökonomisch. 1973 versiegte der Nachkriegsboom mit seinen historisch einzigartigen wirtschaftlichen Wachstumsraten. Das glückliche Vierteljahrhundert, das die zuvor durch Kriege und Krisen gebeutelten Deutschen seit der Währungsreform 1948 erlebt hatten, ging vorbei. Dabei waren es zunächst keine sozialdemokratischen, sondern stark christdemokratisch geprägte 25 Jahre gewesen. Aber ein Signum dieses Abschnitts verbanden die Sozialdemokraten später gern mit sich selbst: den epochalen Ausbau des Sozialstaats.[3] In diesen zweieinhalb bun-

---

1 Vgl. Jarausch, Konrad H. 2008, »Verkannter Strukturwandel. Die siebziger Jahre als Vorgeschichte der Probleme der Gegenwart«, in: ders. (Hg.), *Das Ende der Zuversicht? Die siebziger Jahre als Geschichte*, Göttingen: Vandenhoeck & Ruprecht, S. 9-26, hier S. 11; auch Süß, Winfried 2008, »Der Keynesianische Traum und sein langes Ende. Sozioökonomischer Wandel und Sozialpolitik in den siebziger Jahren«, in: Jarausch, *Das Ende der Zuversicht?*, S. 116-132, hier S. 123.
2 Vgl. Rödder, Andreas 2004, *Die Bundesrepublik Deutschland 1969-1990*, München: Oldenbourg, S. 48 ff.
3 Vgl. Hockerts, Hans Günter 2007, »Vom Problemlöser zum Problemerzeuger? Der Sozialstaat im 20. Jahrhundert«, in: *Archiv für Sozialgeschichte* 47, S. 3-29.

desdeutschen Jahrzehnten konnte gelingen, was in der Weimarer Republik noch scheitern musste – die Harmonisierung der Rentabilitätsinteressen des Besitzbürgertums mit den Verteilungsansprüchen der Arbeitnehmer dank üppiger Wachstumserfolge der Industrie.[1] Man saß in einem Boot, wie es damals besonders Christdemokraten gerne und ganz im Sinne ihrer Sozialphilosophie verkündeten. Aber die Sozialdemokraten übernahmen zeitverzögert diese Maxime, stellten sich gewissermaßen stillschweigend auf das christdemokratische Fundament. Als sie dann 1966 selbst, noch als Juniorpartner, an die Zentralregierung kamen, setzten sie zusätzliche wohlfahrtsstaatliche Sahnehäubchen auf das christdemokratische Konsensmodell. Sie dehnten die Sozialpolitik weiter aus, begriffen diese fortan stärker als Gesellschaftspolitik, als rational einsetzbares Instrument zur gesteuerten Vermehrung von Bildungschancen und zur Schaffung neuer Einkommensverhältnisse.[2] In diesem Kontext geplanter Gesellschaftspolitik siedelte man auch den Wohnungsbau, das Gesundheitswesen, die Sozialarbeit, den öffentlichen Sektor schlechthin an. Einiges davon war bereits im christdemokratischen Modell angelegt und von christdemokratischen Kanzlern längst begonnen worden. Aber Sozialpolitik als Gesellschaftspolitik, das war schon der eigentliche Ehrgeiz der Sozialdemokraten. Wie die Christdemokraten bauten indes auch sie ganz auf eine sich Jahr für Jahr ausweitende Ökonomie, auf rauchende Schlote, florierende Geschäfte der nationalen Unternehmen. Von 1967 bis 1973 fanden sie solche Bedingungen als Regierungspartei vor. Das waren die sechs großen, glänzenden, besten Jahre der reformistischen Sozialdemokratie in der Geschichte der deutschen Industriegesellschaft. Gewissermaßen als Abschlussdokument sozial-

---

1 Vgl. Boyer, Christoph 2008, »Zwischen Pfadabhängigkeit und Zäsur. Ost- und westeuropäische Sozialstaaten seit den siebziger Jahren des 20. Jahrhunderts«, in: Jarausch, *Das Ende der Zuversicht?*, S. 103-119, hier S. 104.

2 Vgl. Doering-Manteuffel, Anselm 2007, »Nach dem Boom. Brüche und Kontinuitäten der Industriemoderne seit 1970«, in: *Vierteljahreshefte für Zeitgeschichte* 55/H. 4, S. 559-581, hier S. 567 ff.; Metzler, Gabriele 2004, »Staatsversagen und Unregierbarkeit in den siebziger Jahren?«, in: Jarausch, *Das Ende der Zuversicht?*, S. 243-260, hier S. 248.

demokratischer Dominanz kann man die Regierungserklärung des zwei Monate zuvor triumphal wiedergewählten Bundeskanzlers Willy Brandt vom Januar 1973 lesen: eine Bilanz sozialdemokratischen Stolzes auf Vollbeschäftigung, Einkommenssteigerung und soziale Sicherheit.[1]

Zehn Monate später war alles anders. Der Herbst 1973 veränderte die Republik. Und er läutete die lange Depression der deutschen Sozialdemokratie ein. Auch ihr großer Held der vorherigen Jahre, Willy Brandt, ging nicht unbeschädigt aus jenem Herbst hervor. Die Zustimmungswerte für seine Partei fielen damals um zehn Prozentpunkte; er selbst verlor rasant an Rückhalt. Man traute ihm politische Führungskraft in der Krise nicht mehr zu.

Krise aber herrschte in jenem Herbst 1973. Über die Deutschen, die sich im vorangegangenen Vierteljahrhundert an kontinuierliche Wohlstandsmehrung gewöhnt hatten, brach sie indes überraschend herein. Der Terminus »Schock« wurde zwischen München und Kiel zu einer favorisierten Vokabel für den Ausdruck des herrschenden Lebensgefühls. Der Ursprung dieses »Schocks« lag in der jähen Erhöhung des Ölpreises. Und zum Symbol der neuen Schockerfahrungen wurden die vier autofreien Sonntage zwischen dem 25. November und 16. Dezember 1973, für die ein generelles Fahrverbot angeordnet worden war.[2] Tristesse und Verunsicherung lagen über der Republik. Ein nicht geringer Teil der Bevölkerung begann, wieder Hamsterkäufe zu tätigen. Fußballspiele unter Flutlicht waren vom DFB untersagt worden. Der Boulevard machte Auflage mit unheilschwangeren Titeln wie »Gehen in Europa die Lichter aus?«. Die sozialdemokratisch genährte Erwartung, Wohlstand, Sicherheit und Modernität systematisch und planvoll auf die Gleise in Richtung reibungslos administrierter Zukunft setzen zu können, wirkte auf einmal fragil.

---

1 Vgl. Jarausch, »Verkannter Strukturwandel«, S. 9.
2 Vgl. Hohensee, Jens 1998, »Der Stillstand, der ein Fortschritt war«, in: *Die Zeit* (19. November 1998); ders. 1996, *Der erste Ölpreisschock 1973/74: Die politischen und gesellschaftlichen Auswirkungen der arabischen Erdölpolitik auf die Bundesrepublik Deutschland und Westeuropa*, Stuttgart: Steiner, S. 143 ff.

Aber die Erwartung blieb. Sie hielt sich lange – und das keineswegs nur bei den Anhängern der SPD. Am Ende des glücklichen Vierteljahrhunderts der bundesdeutschen Konstituierungsgeschichte hatten sich ein, zwei ganze Generationen daran gewöhnt, wirtschaftliches Dauerwachstum für selbstverständlich zu halten, Vollbeschäftigung als Regel anzusehen, die stete Erweiterung des staatlichen Leistungsangebotes zum guten Bürgerrecht aufzuwerten.[1] In die sozialdemokratischen Regierungsjahre 1968-1973 fiel die bis dahin längste konjunkturelle Aufschwungphase in der bundesdeutschen Geschichte[2]; und in dieser Zeit bündelten sich Wohlstandshoffnungen, soziales Sicherheitsverlangen, Konsumentenhybris und Aufstiegsaspirationen zu einer sehr spezifischen und gefestigten Mentalität, die den Einschnitt von 1973 weit überdauerte, die als gesellschaftliche Norm und Haltung der Politik gegenüber fortlebte, während die ökonomischen Grundlagen dafür längst tiefe Risse bekamen.[3] Ein wenig profitierten die Sozialdemokraten gar davon, dass gesellschaftlich konsolidierte Mentalitäten länger währen als die Voraussetzungen, welche ihre Entstehung ermöglichen. Ein scharfer neoliberaler Wind konnte so durch die sozialstaatlich abgekitteten Fugen der bundesdeutschen Gesellschaft auch in den späteren Zeiten bürgerlicher Regierungen nicht wehen. Für einen marktzentrierten Individualismus musste erst eine neue Generation mit neuen Erfahrungen jenseits der zuvor entfalteten universellen Wohlfahrtsimperative heranwachsen. Die Dominanz der wohlfahrtsstaatlichen Einstellungen auch nach der Zäsur von 1973 hielt die SPD bei Wahlen und Koalitionsbildungen so noch lange im Rennen. Aber in dieser sozialpolitischen Dauererwar-

1 Vgl. auch Hobsbawm, Eric 1995, *Das Zeitalter der Extreme. Weltgeschichte des 20. Jahrhunderts*, Wien/München: Hanser, S. 518.
2 Vgl. Nützenadel, Alexander 2005, *Stunde der Ökonomen. Wissenschaft, Politik und Expertenkultur in der Bundesrepublik 1949-1974*, Göttingen: Vandenhoeck & Ruprecht, S. 345.
3 Vgl. Schanetzky, Tim 2007, *Die große Ernüchterung. Wirtschaftspolitik, Expertise und Gesellschaft in der Bundesrepublik 1966 bis 1982*, Berlin: Akademie-Verlag, S. 268; Doering-Manteuffel, Anselm 2007, »Nach dem Boom. Brüche und Kontinuitäten der Industriemoderne seit 1970«, in: *Vierteljahreshefte für Zeitgeschichte* 55/H. 4, S. 559-581, hier S. 567 ff.

tung nisteten auch alle Keime der Verdrossenheit, der Wut und Enttäuschung über die Sozialdemokratie, die zunehmend weniger das einlösen konnte, was sie vor 1973 als Anspruch selbst Zug um Zug aufgebaut und zu einer stabilen gesellschaftlichen Mentalität festgezurrt hatte.

Seit dem Herbst 1973 kollidierten die kollektive Erfahrung des letzten Vierteljahrhunderts und die daraus gespeiste und von der (sozialdemokratischen) Politik noch verstärkte Zukunftsprojektion mit den neuen ökonomischen und sozialen Entwicklungsschüben, die sich fortan vollzogen. Das Wachstum verschwand zwar auch in den folgenden Jahren nicht aus den modernen kapitalistischen Wirtschaften, aber es schwächte sich deutlich ab, verlief erratischer, verlor an Stabilität und Tempo. Die Massenarbeitslosigkeit, die man weithin bereits durch das Regierungsmanagement antizyklischer Eingriffe für überwunden hielt, kehrte zurück und gewann, stärker als zuvor in der deutschen Industriegeschichte, an Dauer. Selbst in Phasen des Aufschwungs reduzierten sich die Arbeitslosenzahlen kaum noch. 1973, zum Ende des glücklichen Vierteljahrhunderts, lag die Zahl der Erwerbslosen noch bei 0,27 Millionen, als die sozialliberale Koalition 1982 zerbrach, war die Zwei-Millionen-Grenze bei den Arbeitssuchenden bereits erreicht. Am stärksten vom Arbeitsplatzabbau betroffen waren die klassischen Industriesektoren und herkömmlichen Domänen der sozialdemokratischen Arbeiterbewegung: der Montanbereich, die Stahlproduktion, der Schiffsbau und die Textilindustrie. Die sozialdemokratisch geführten Regierungen hielten lange an den früheren Lokomotiven des deutschen Industriekapitalismus fest, sparten nicht an Subventionen – und konnten den Strukturwandel dennoch nicht aufhalten. Aber er kam durch den staatlichen Interventionismus teuer.

Natürlich absorbierte auch die neue Arbeitslosigkeit, mit der die sozialdemokratischen Gesellschaftsplaner aus der Spätphase des glücklichen Jahrzehnts niemals gerechnet hatten, beträchtliche Mittel aus den Sozialetats. Zwischen 1973 und 1983 verachtfachte sich die Summe der Zahlungen an Erwerbslose in Deutschland.

Die Verschuldung des Staates stieg in dieser Dekade sprunghaft an; der Spielraum für Sozialpolitik als präventive Gesellschaftspolitik engte sich im gleichen Maße ein. Das entzog dem sozialdemokratisch-reformistischen Politikmodell der späten sechziger und frühen siebziger Jahre die Basis. Und im Transformationsprozess der alten Industriegesellschaft zu neuen Technologien und Dienstleistungen kehrten sich die Schwerpunkte ökonomischer Prosperität um. Aus dem früheren bundesdeutschen Nord-Süd-Gefälle wurde nach 1973 mehr und mehr eine Süd-Nord-Differenz, bei der die Brachen der industriellen Vergangenheit überwiegend nördlich der Main-Linie lagen. Aus den Zentren des ökonomischen Fortschritts, die zugleich über ein Jahrhundert lang sozialdemokratische Heimaten gebildet hatten, wurden Stätten der sozialen Nachhut, Orte der Zurückgebliebenen und Entbehrlichen. Die neuen Gewinnerregionen dagegen, Baden-Württemberg und Bayern, waren traditionell Diasporagebiete für Sozialdemokraten, Gewerkschaften und linke Arbeiterorganisation schlechthin.

1973 war auch das Jahr, in dem der tertiäre Sektor den sekundären erstmals an Bedeutung übertraf. Etliche Traditionsfirmen aus der über einhundertjährigen Industriegeschichte Deutschlands verschwanden von der Bildfläche.[1] Ganze Arbeitergruppen, die lange das Bild der Straßen und Wohnquartiere in den urbanen Zentren des Landes geprägt hatten, lösten sich in diesem Prozess auf. Ihre Arbeitskraft, oft schlecht oder gar nicht qualifiziert, wurde nicht mehr gebraucht. Alternativen gab es für die meisten auf dem Arbeitsmarkt ebenfalls nicht mehr. Und so rutschten sie ab in die soziale Gruppe, die später die Kategorisierung bzw. Stigmatisierung »neue Unterschicht« erhielt. Die alte, berufsstolze, disziplinierte, selbstbewusste, zukunftsoptimistische, kulturell ambitionierte Arbeiterklasse verließ die Bühne. Der »Malocher« mit starken Muskeln und hohem Klassenbewusstsein, mit gewerkschaftlichem Engagement und gut geschulter sozialisti-

---

[1] Vgl. Doering-Manteuffel, Anselm 2008, »Langfristige Ursprünge und dauerhafte Auswirkungen. Zur historischen Einordnung der siebziger Jahre«, in: Jarausch, *Das Ende der Zuversicht?*, S. 313-329, hier S. 318 ff.

scher Gesinnung trat ab.[1] Was früher ein linkes Arbeitermilieu geformt hatte, engmaschig organisiert und lebensweltlich wie normativ homogen, konnte nicht mehr bestehen. Das industrielle Fundament großbetrieblicher Zusammengehörigkeit und kollektivierender Wohnverhältnisse fehlte dafür.

Die Arbeiterklasse von ehedem spaltete sich auf: auf der einen Seite in die Verlierer, die zunehmend vereinzelten, resignierten und zur Apathie neigten. Sie blieben in ihrem angestammten Wohnviertel, das aber Jahr für Jahr mehr von einem wertgebundenen Arbeiter- zu einem verwahrlosten Arbeitslosenquartier herabsank. Auf der anderen Seite standen die Gewinner, welche die Aufstiegschancen im öffentlichen Dienst und in den neuen ökonomischen Sektoren ergriffen hatten. Sie waren die »Insider«, denen es nach 1973 besser ging als ihren zuvor sozial blockierten Eltern und Großeltern.[2] Und sie goutierten in den folgenden Jahren die Möglichkeiten einer nichtmilieugebundenen Individualität und Optionsvielfalt. Es hielt sie nicht länger in den Werkssiedlungen ihrer Kindheit, die von ihnen bei aller Vertrautheit doch auch negativ mit Enge, Spießertum und sozialer Kontrolle assoziiert wurden. Diese aufsteigenden »Insider« ließen fortan die Ausgestoßenen des Deindustrialisierungsprozesses, die neuen »Outsider«, zurück. Die Klassenbasis des Handarbeitersozialismus zerbrach durch Aufstieg der einen, Abstieg der anderen.[3] Die sozialdemokratische Aktivitas rekrutierte sich im Folgenden nahezu ausschließlich aus den Aufsteigern der »1973er«-Epoche. Eine Interessenidentität zwischen ihnen und den zurückgebliebenen »Outsidern« existierte nicht. Im Gegenteil, alle Formen der Alimentation für die Entbehrlichen der

---

1 Vgl. Saldern, Adelheid von 2004, »Rezension zu: Geoff Eley, *Forging Democracy. The history of the Left in Europe 1850-2000*«, in: *Archiv für Sozialgeschichte* 44, S. 695-699, hier S. 697.

2 Zur Unterscheidung von »Insider« und »Outsider« vgl. besonders Rueda, David 2006, »Spaltung der Sozialdemokratie in Insider und Outsider. Beschäftigungsförderung und Großbritanniens ›Third Way‹«, in: *Berliner Debatte Initial* 17/H. 1-2, S. 199-206, hier S. 199ff.

3 Mit der folgenreichen Spaltung der sozialdemokratischen Basis beschäftigt sich ausführlich das zweite Kapitel.

postindustriellen Innovationsphase erhöhten die Abgaben und Steuern der neuen, durch sozialdemokratische Regierungspolitik mitproduzierten Arbeitnehmermitte der White-Collar-Berufe. Und je höher spezialisiert kleine Gruppen dieser neuen Mitte in elementaren Funktionsbereichen der mobilen Gesellschaft arbeiteten, desto stärker konnten sie Druck für genuine, durchaus kleinparzellierte Interessen entfalten. Auch das zeigte das Jahr 1973, als die Fluglotsen erstmals in einen längeren Bummelstreik traten.[1] Diese Gruppe brauchte nicht die millionenfache Kollektivität einer zentralisierten Gewerkschaftsorganisation, und auch die Lieder von der Solidarität gehörten nicht mehr zu ihrem Repertoire für die bessere Legitimation der eigenen Aktionen.

Zu einem »roten Jahrzehnt« also wurden die siebziger Jahre nicht, wenngleich einige Zeitgenossen sich später so erinnerten. Auch als sozialdemokratisches Jahrzehnt lassen sich die Jahre unter Helmut Schmidt, lässt sich die knappe Dekade nach 1973 schwerlich fassen. Die Sozialdemokratie, wie man sie bis dahin kannte, war vielmehr die große Verliererin des Epochenwechsels ab 1973. Von Eduard Bernstein über Friedrich Ebert und Rudolf Hilferding bis hin zu Karl Schiller oder Willy Brandt hatten bislang alle sozialdemokratischen Reformisten auf die grundsätzliche Verfügbarkeit von rationalen Steuerungsinstrumenten, wissenschaftlich fundierten Daten und Erkenntnissen zu den ökonomischen Entwicklungen und gesellschaftlichen Erfordernissen vertraut, um den Entwicklungsprozess zu einer sozialen Republik Zug um Zug, jeweils auf der Höhe planerischer Modernität voranzutreiben. Doch es waren nur etwa sieben Jahre in der deutschen Geschichte, in denen diese sozialdemokratische Denkart den Geist der Zeit traf und verkörperte, Resonanz auch im Zentrum der Gesellschaft fand, gar die Klammer im sozialen Bündnis von Mitte und Unten bildete, zum Paradigma realer Regierungspolitik avancierte. Das waren ebendie Jahre 1966 bis 1973. Seither hat die sozialdemokratische Idee von der politisch-

1 Vgl. Rödder, *Die Bundesrepublik Deutschland 1969-1990*, S. 53.

administrativischen Steuerung des ökonomischen und gesellschaftlichen Laufs ihre Zug- und Überzeugungskraft verloren.
Schon wenige Jahre nach der innenpolitischen Ära Schiller/
Ehmke/Brandt war für die meisten wohl kaum mehr begreif-
bar, welcher Zauber von der Semantik der sozialdemokratischen
Planer ausgegangen war, von Begriffen wie »Globalsteuerung«,
»konzertierte Aktion«, »Vorhabenerfassungssystem« und dergleichen Steuerungschiffren mehr. In den frühen siebziger Jahren
signalisierten sie noch Aufklärung und Modernität. Am Ende
des Jahrzehnts wirkten sie wie hybride Begriffsmonster einer
anmaßenden Politiktechnokratie. Die Sozialdemokraten hatten
den Glauben an ihre Semantik und Zielperspektive eingebüßt.[1]
Der Flair systematischer Planung, die Aura des rational handeln-
den Staates hatte sich gänzlich verflüchtigt. Die Sprache der Sozialdemokraten flirrte nicht mehr, sie stieß ab. Der Staat erschien
nicht als befreiende Instanz, sondern wieder als bedrückender
und restriktiver Leviathan. Er galt nicht mehr als Problemlöser,
sondern als Problemproduzent, zumindest als hoffnungslos
überforderte Institution angesichts all der neuen Komplexitäten,
die er durch nichtbeabsichtigte Folgen seiner Aktivitäten oft
noch erhöhte. »Unregierbarkeit« hieß das Stichwort nach 1973,
wo doch unmittelbar zuvor noch die Optimierung aller Regie-
rungsaktionen in Aussicht gestellt worden war.

»Die Geschichte des 20. Jahrhunderts war seit 1973 die Geschichte einer Welt«, so formulierte es der britische Historiker
Eric Hobsbawm, »die ihre Orientierung verloren hat.«[2] Das galt
sicher allgemein, aber es traf doch ganz besonders auf die Sozialdemokraten zu. Sie waren anständige Menschen, die auch die
soziale Demokratie mit Anstand anstrebten: im sozialpartner-
schaftlichen Konsens, ohne soziale Verwerfungen, ohne Krisen
erzeugen zu wollen, nach Ordnung und Gesetz und mit tüchtigen Verwaltungsbeamten im dienenden Staatswesen ihrer Na-

---

1 Vgl. auch Werding, Martin 2008, »Gab es eine neoliberale Wende? Wirtschaft
und Wirtschaftspolitik in der Bundesrepublik ab Mitte der 1970er Jahre«, in:
Vierteljahreshefte für Zeitgeschichte 56/H.2, S.303-322, hier S.303 ff.
2 Hobsbawm, *Das Zeitalter der Extreme*, S.503.

tion. Das alles wurde auch schon zuvor in der Geschichte oft genug skeptisch betrachtet, war in den frühen dreißiger Jahren im Grunde gar schon diskreditiert. Aber nach 1973 wurde dieses Normengerüst dann endgültig hinweggefegt. Die Märkte entgrenzten sich weiter, das Besitzbürgertum verteidigte aggressiv seine Interessen gegen wohlfahrtsstaatliche Interventionen, die ehrbare Handarbeiterklasse schrumpfte weiter dahin, der Staat musste Transferleistungen über steigende Verschuldung finanzieren, besaß bald kaum noch Mittel für soziale Gestaltungspolitik. Das glückliche Vierteljahrhundert war zu Ende. Das soziale Klima wurde rauer. Und die Sozialdemokraten wussten nicht mehr, was nun ihre Marschrichtung sein könnte. Die sozialdemokratischen Ziele und erst recht die Pfade dorthin waren nach 1973 von Grund auf infrage gestellt. Doch Antworten gab es fürs Erste darauf nicht.[1] Die Improvisation wurde folglich zum Politikstil sozialdemokratischer Bundeskanzler, von Helmut Schmidt bis Gerhard Schröder. Keiner von ihnen hatte noch einen Plan, ein fest umrissenes Projekt. Illusionsloser als viele in ihrer Partei, die auch noch 1973 die überlieferten Maximen skandierten, wussten sie, dass mit der unterkomplexen Sichtweise der alten Sozialdemokratie – Bürgertum versus Arbeiterklasse, Markt kontra Staat, Sozialgesetze statt Profite – ausdifferenzierte und in vielerlei Hinsicht nur fragil verkoppelte moderne Gesellschaften nicht mehr angemessen politisch geführt werden konnten. Aber über eine neue Idee, gar ein neues System stringenter sozialdemokratischer Politik verfügten sie auch nicht. Das – und nicht ihr Charakter, in dem sich die beiden sozialdemokratischen Kanzler sowieso erheblich unterschieden – machte sie zu Situationisten, die auf externe Vorgaben oft atemlos reagieren mussten, statt kohärent agieren zu können. Woher sollte Kohärenz denn auch kommen? Und war sie für die neue postindustrielle Gesellschaft nach 1973 überhaupt wünschenswert, Helmut Schmidt hätte wohl formuliert: machbar?

---

1 Insgesamt dazu Süß, »Der Keynesianische Traum und sein langes Ende«, S. 124 ff.; auch Abelshauser, Werner 2004, *Deutsche Wirtschaftsgeschichte seit 1945*, München: Beck, S. 423.

Doch gerade die sozialdemokratische Kernaktivitas musste sich mit dem Verlust der Idee schwertun. Denn das war es ja, woraus sie ihr Selbst- und Sendungsbewusstsein gezogen hatte – dass sie fest zu wissen meinte, wer das Subjekt des Geschichtsprozesses war, wie der Königsweg aussah, der zum eindeutig identifizierten historischen Zielpunkt führte. Nämlich: die industrielle Arbeiterklasse, die über den Staat die Gesellschaft und Wirtschaft planvoll und sukzessive in den dann von Klassenprivilegien befreiten demokratischen Sozialismus führte. Arbeiterklasse – Planungsstaat – demokratischer Sozialismus: Das waren nach 1973 bald nur noch Artefakte oder Schimären. Doch die Sozialdemokraten leugneten das sich selbst gegenüber noch lange. Sie hielten stattdessen an Selbstbeschreibungen fest, die nicht mehr passten und stimmten. Daher haderten die Sozialdemokraten in den folgenden Jahrzehnten mit sich, weil sie in der Realität selbst nicht mehr so waren, wie sie sich in den Erzählungen gern noch darstellten. In der Zeit um 1973 nahm all das seinen Anfang.

2. Die Spaltung
Die einen steigen auf,
die andern bleiben zurück

Als folgenreich erwies sich die Aufspaltung der sozialdemokratischen Klassenbasis. Ganz neu war das Problem nicht. Aber der Gegensatz, der sich nun herausbildete und von Jahrzehnt zu Jahrzehnt an Wucht gewann, besaß eine neue Qualität. Gewiss, die Sozialdemokratie war historisch nie die Partei der Arbeiter schlechthin gewesen, erst recht nicht Partei *aller* Arbeitnehmer. Schon in der Entstehungszeit der industriellen Gesellschaft erzielte die neue Partei der »modernen Arbeiterbewegung«, wie die Sozialdemokraten ihre politische Formation gern benannten, bei den modernen Arbeitern selbst nur geringe Resonanz. Die zukunftsorientierte sozialdemokratische Arbeiterpartei fußte auf vorindustriellen Mentalitäten, auf den alten Schichten von Handwerkern und Zünftlern, die im Unterschied zu den Fabrik- und Eisenbahnarbeitern über lang überlieferte Organisationsformen, Bräuche, Symbole, Solidaritäten, Kommunikationsstrukturen, mithin: über Parteibildungskompetenzen verfügten. Das war die Genesis der Sozialdemokratie. Und so blieb sie – eine Partei der Arbeiterelite mit Qualifikationen, Ehrgeiz, Disziplin, Beharrlichkeit, Aufstiegsenergien. Für ungelernte Arbeiterschichten war die SPD sehr viel weniger attraktiv. Landarbeiter, Chemiearbeiter, Textilarbeiterinnen, auch die Beschäftigten im Bergbau standen bis in die dreißiger Jahre der SPD überwiegend fern. In der Weimarer Republik ließen sich gar zwei deutlich abgegrenzte Arbeiter- oder Unterschichtenmilieus identifizieren, die durch Alter, Berufsqualifikation, Integration bzw. Nichtintegration ins Erwerbsleben sozial scharf differierten und politisch dann feindliche Repräsentanzen – Kommunisten hier, Sozialdemokraten dort – suchten und fanden. Und doch empfand man auch diese Unterschiede, erlebte die oft keineswegs zimperlich geführten Konflikte als »Bruderzwist«. Noch überwog die Gemeinsamkeit der »Proletarität«.

Diese Erfahrung kollektiv ertragener Proletarität schwand im Laufe des Wirtschaftswunders. Zunächst aber homogenisierte und verbreitete die Entproletarisierung die sozialdemokratische Massen- und Wählerbasis. In den sechziger Jahren schienen die früheren Probleme von Marginalisierung, Armut und Elend weitgehend gelöst zu sein. Auch kinderreiche Familien und alte Menschen, die zuvor am stärksten der Gefahr existentieller Unsicherheit ausgesetzt gewesen waren, verzeichneten durch die zielstrebige Sozial- und Gesellschaftspolitik Konrad Adenauers erhebliche materielle Positionsgewinne. Soziale Sicherheiten traten infolgedessen an die Stelle früherer chronischer Fragilitäten der Lebensführung. Zudem schliffen sich vormals scharf ausgeprägte Interessenorientierungen und Einstellungsmuster zwischen den verschiedenen Schichten der Arbeitnehmerschaft ab. Arbeiter und Angestellte wurden nicht eins, aber sie näherten sich im Laufe der sechziger Jahre einander stärker an als in den zurückliegenden einhundert Jahren der industriellen Gesellschaft. Von dieser verallgemeinernden »Arbeitnehmerisierung« der bundesdeutschen Gesellschaft am Ende der ersten christdemokratischen Regierungsära profitierten nun die Sozialdemokraten, die sich als gleichsam kongeniale Partei der neuen bundesdeutschen Arbeitnehmergesellschaft präsentieren konnten – und exakt dies auch taten. Ihren Kulminationspunkt erreichte die sozialdemokratische Arbeitnehmerisierung in den Jahren 1966 bis 1973. Dann kehrte sich die Entwicklung abermals um, wieder einmal zu Lasten der Sozialdemokratie.

Man mag es zuspitzen: Nun begann das Ende der Sozialdemokratie, wie man sie zwischen 1870 und 1970 ein Jahrhundert lang gekannt hatte. Später sprach man in der akademischen Soziologie vom »Fahrstuhleffekt«.[1] Ein Teil der sozialdemokratischen Arbeitnehmerschaft, sollte das heißen, fuhr eine Etage höher. Indes: Der Fahrstuhl ging auch nach unten. Diejenigen, die in den sechziger Jahren gesellschaftlich im Parterre angekommen waren, landeten nun – in den Jahren 1973 ff. –, wieder und aus-

---

1 Vgl. Beck, Ulrich 1986, *Risikogesellschaft. Auf dem Weg in eine andere Moderne*, Frankfurt am Main: Suhrkamp, S. 121 ff.

sichtsloser denn jemals zuvor im 20. Jahrhundert, im sozialen Souterrain. Die einen also stiegen auf, die andern sanken ab. Die nie ganz kohärent vereinheitlichte sozialdemokratische Arbeitnehmerorientierung zerbrach nun gründlich, auch wenn es noch eine beträchtliche Zeit dauerte, bis beide Gruppen – die Emporkömmlinge hier, die Zurückgebliebenen dort – die Folgen des Integrations- und Spreizungsprozesses ohne jede Selbsttäuschung wahrnahmen.

Fortan war es vorbei mit dem, was man lange als sozialdemokratisches Milieu oder sozialdemokratische Solidargemeinschaft bezeichnet hatte. Weder das Milieu noch die Solidargemeinschaft waren einfach voraussetzungslos entstanden, waren keineswegs unmittelbare Reflexe sozialer Entwicklungen. Aus Arbeiterquartieren mussten nicht zwingend sozialdemokratisch eingefärbte Milieus werden. Solidargemeinschaften wurden stets gemacht, waren Ergebnis von Organisationsleistungen, Produkt des politischen Willens und Ehrgeizes besonders ambitionierter Führungsfiguren in den Wohnvierteln. Diese sozialdemokratischen Eliten rekrutierten sich aus den Zugehörigen der berufsstolzen, auf das weitere Fortkommen bedachten, aber gesellschaftlich lange blockierten Facharbeiterschicht. Sie waren es, die die politische Partei gründeten, Gewerkschaften bildeten, Genossenschaften aufbauten, kulturelle Organisationen konstituierten. Sie zimmerten die Infrastruktur einer eigenständigen Sub- und Gegenkultur, welche die Wohnquartiere einer eher ärmeren und benachteiligten Bevölkerungsgruppe in autonome Milieus mit eigenen, selbstbewussten Ansprüchen transformierte. Diese Facharbeiterelite hatte den Marxismus rezipiert, der Sinn vorgab und Orientierung stiftete, in gewiss verdünnter Form auch für die restlichen, oft weniger qualifizierten und begabten Quartierszugehörigen. Die Anführer der industriellen Arbeiterschaft sorgten bis in die sechziger Jahre dafür, dass sich Arbeiter nicht als Teil einer abgehängten Unterschicht fühlten, sondern als »Klasse für sich«, gar als Kern einer Avantgarde. Sie trugen Sorge dafür, dass das Individuum im Kollektiv Aufgaben und Funktionen zugewiesen bekam, durch die jeder Einzelne Bedeutung erlangte. Und sie spannten einen Deutungshorizont, der auch den Geringqualifizierten im Proletariat die Möglichkeit gab, sich zurechtzufinden, sich spirituell geborgen zu fühlen.

Aber dann, etwa seit Mitte der sechziger Jahre, vermehrt schließlich während der siebziger Jahre, entfernten sich die Kinder, Enkel und Urenkel dieser Facharbeiterelite peu à peu von den Arbeitermilieus und den Zusammenhängen der überlieferten Solidargemeinschaft. Auch das vollzog sich nicht von einem Tag auf den anderen, sondern kursorisch: Man besuchte das Gymnasium, kam so im Alltag weniger mit den früheren Freunden aus der Nachbarschaft zusammen, blieb aber hier wohnen. Man studierte und kehrte an den Wochenenden noch zurück ins Heim der Eltern. Man wurde dem Abstammungsort fremder, aber man nabelte sich nicht vollständig davon ab. Doch spätestens mit der eigenen Familiengründung, mit der beruflichen Etablierung wechselten die Wohngegend, die Bezugsgruppen, die Geselligkeitsformen, die Manieren, der Habitus schlechthin. Dabei: Etliche der sozialen Aufsteiger blieben durchaus Sozialdemokraten, standen in der Partei sogar ganz vorn, als Mandatsträger und Vorstandsmitglieder. Sie wähnten sich noch in der sozialdemokratischen Tradition, in der Solidarität mit den »kleinen Leuten«, aber sie gehörten nicht länger dazu, wurden anders – und das Jahr für Jahr mehr.

In den beiden großen Jahrzehnten des über Bildungszertifikate ermöglichten individuellen Aufstiegs – den sechziger und siebziger Jahren – hat es eine rege Literatur zur Analyse dieses Phänomens gegeben.[1] Der individuelle Aufstieg kostete enorm viel Kraft; und er hatte gerade psychisch einen hohen Preis. Für Arbeiterkinder auf Gymnasien, später an den Universitäten war der Druck, den sie sich selbst auferlegten, beträchtlich. Sie hatten mühselig unter großen Anspannungen zu erwerben, was Gleich-

---

1 Hierzu und im Folgenden vor allem Ortmann, Hedwig 1971, *Arbeiterfamilie und sozialer Aufstieg. Kritik einer bildungspolitischen Leitvorstellung*, München: Juventa; Hansen, Hans 1976, *Arbeiter-Jugendliche auf dem Gymnasium*, Hamburg; Fürstenberg, Friedrich 1969, *Das Aufstiegsproblem in der modernen Gesellschaft*, 2. Aufl., Stuttgart: Enke.

altrigen aus dem Bildungsbürgertum gewissermaßen natürlich von früh an mitgegeben worden war. Im Zuge dieses hart erkämpften Anpassungsprozesses an die Leistungsmaßstäbe der höheren Schichten entfernten sich die um Aufstieg bemühten Kinder aus der Arbeiterschaft sukzessive von ihren früheren Kumpanen aus dem Milieu, die den Sprung nach vorne erst gar nicht gewagt hatten. Die Herkunftsgruppe betrachtete die Konversion der Gymnasiasten und Studenten aus ihren unterschichtigen Quartieren zunächst mit Argwohn, später dann in Teilen mit offener Feindschaft.

Die Entfremdung verlief kumulativ und wechselseitig. Auch die individuellen Aufsteiger, die ihren Ort in der neuen Umgebung ruhelos suchten, dabei nach Anerkennung und Rang heischten, ohne sich dabei wirklich sicher und souverän zu fühlen, haderten mit den Lebenskreisen, denen sie entstammten. Die Unzulänglichkeiten ihres Herkunftsmilieus, sich in Sprache und Kultur der mittleren und höheren Schichten ausdrücken zu können, erschwerten ihren Aufstieg – und trugen dazu bei, dass sich die sozialen Parvenüs oft geradezu demonstrativ nach unten abgrenzten, um in der Lebenswelt oben willkommen geheißen zu werden. Wohl auch deshalb nahm der spätere Bundeskanzler Schröder den Brioni so wichtig. Störend dabei war, dass der Übereifer in der Adaption der neuen Lebensmaximen die frühere soziale Inferiorität erst recht offenlegte und so auf die Unsicherheit im Stil hinwies; hier machte sich eine von den traditionellen Eliten robust errichtete Sperre bemerkbar, welche die *social climbers* trotz – besser: gerade wegen – ihres angestrengten Tuns nicht überwinden konnten. In diesem Aufstiegsakt befanden sich die Akteure gleichsam zwischen den Schichten. Sie hatten die Lebenswelten und Einstellungsmuster der Arbeitermilieus hinter sich gelassen. Aber sie hatten aus sich heraus kein neues Deutungssystem errichten können. Über eine konzise Selbstbeschreibung ihrer neuen Rolle und Funktion in der allmählich flüssigeren Gesellschaft verfügten die individuellen Aufsteiger nicht. »Da waren«, so Zygmunt Bauman, »keine befestigten Plätze zum Verstecken, da waren keine zuverlässigen Definitionen, die sich als Rüstung tragen ließen.«[1]

So blieb allein die Imitation der Verhaltensweisen und Ideologien von der mindestens heimlich bewunderten privilegierten Schicht, in die einzutreten schließlich Ziel des langen Weges war. Doch das Original mag den Nachahmer nicht, verhält sich bestenfalls gönnerhaft-spöttisch, von oben herab. Der Kopierende gibt sich alle erdenkliche Mühe, wird oft gar zum aggressiven Apologeten des Vorbildes, was – so Norbert Elias – »zu ganz spezifischen Verkrümmungen des Bewußtseins und der Haltung« führt.[2] Der sozialdemokratische Kotau vor den Imperativen der Privatisierung, der finanzkapitalistischen Entgrenzungen, der Steuerbefreiung für Kapitalinvestoren in den Jahren 1999-2005 – er mag damit zu tun haben.

Die Aufstiegssoziologie beobachtete zudem, dass gerade diejenigen aus den unteren Schichten individuell am weitesten nach oben klettern konnten, die sich ohne viel Aufhebens und ohne innere Sentimentalität von der jeweiligen Vergangenheit zu verabschieden in der Lage waren.[3] Je weniger sie sich von sozialmoralischen Geboten integrieren und einbinden ließen, desto offener boten sich ihnen die Zukunft, der Weg nach vorn und oben dar. Und all das, was für die weitere Strecke nicht taugte, all diejenigen, welche das Tempo nicht mitgehen konnten, wurden entsorgt bzw. zurückgelassen. Diese Aufsteiger wechselten daher in den diversen Abschnitten ihres Karrierewegs nicht ganz selten ihre Ehepartner. Denn diese sollen zu den sich potenzierenden Ambitionen passen, dürfen nicht Grund für Blamage oder Stagnation sein. Nicht zuletzt auch deshalb werden die individuellen Aufsteiger von ihrer Bezugsgruppe in den Arbeitervierteln misstrauisch betrachtet. Der Aufsteiger wird zur sichtbaren Personifikation der Illoyalität, zur Inkarnation der Hohlheit der ur-

1 Bauman, Zygmunt 1994, »Parvenü und Paria. Helden und Opfer der Moderne«, in: *Merkur* 48/H. 3, S. 237-248, hier S. 239.

2 Elias, Norbert 1997, *Über den Prozeß der Zivilisation. Soziogenetische und psychogenetische Untersuchungen*, Bd. 2, Frankfurt am Main: Suhrkamp, S. 436.

3 Warner, W. Lloyd/James C. Abegglen 1957, *Karriere in der Wirtschaft. Eine Untersuchung über die Erfolgreichen*, Düsseldorf: Econ, S. 127.

sprünglichen Postulate von Brüderlichkeit, Solidarität und kollektiver Emanzipation. Der Aufsteiger hat die Normen verraten, die Bindungen abgestreift, die Schwüre gebrochen. Ein Prinzipienvakuum öffnet sich – oben wie unten.

In dieser Zeit der Enthebung von unten sieht sich der Emporkömmling in einem »Kreuzfeuer von allen Seiten«. Er fühlt sich deshalb genötigt, die Ellbogen grob auszufahren, Rivalen aggressiv beiseitezuräumen, sich selbst – koste es, was es wolle – den Weg aus dem Tal zu bahnen. Der individuelle Aufsteiger betrachtet seine Emanzipation nicht als Resultat kollektiven Bemühens, sondern als Ergebnis der eigenen Willenskräfte, des einsamen Kampfes und seiner genuinen Tüchtigkeit.[1] Und er pflegt fortan seine spezifische Lebenserfahrung zum gesellschaftlichen Rezept schlechthin zu verallgemeinern: Erfolg gebührt nur dem Tüchtigen. Bleibt der Erfolg aus, dann hat es an hinreichender Tüchtigkeit gemangelt – und es ist daher gerecht, wenn die Prämie des Aufstiegs nicht ausgezahlt wird.[2] Jüngst hat eine empirische Studie der Universität Wien erneut belegt, dass vielfach gerade Aufsteiger ungern Steuern zahlen und Sozialleistungen mit den größten Vorbehalten begegnen.[3] Im eigenen Leben, so erzählen sie es gern, sei ihnen auch nichts geschenkt worden; großzügige Zuwendungen vom Staat würden den Einzelnen nur träge machen. »Jeder ist seines Glückes Schmied«; nur die Chance dazu müsse generell gegeben sein – so sahen es nicht wenige der sozialdemokratischen Aufsteiger, als sie es am Ende der neunziger Jahre endlich in die Regierung geschafft hatten und »Chance« wie »Bildung«, »Leistung« wie »Aufstieg« zu maß-

1 Vgl. auch Mooser, Josef 1983, »Auflösung der proletarischen Milieus. Klassenbindung und Individualisierung in der Arbeiterschaft vom Kaiserreich bis in die Bundesrepublik Deutschland«, in: *Soziale Welt* 34/H. 3, S. 270-306, hier S. 295.

2 Vgl. Solga, Heike 2009, »Meritokratie – die moderne Legitimation ungleicher Bildungschancen«, in: dies./Justin Powell/Peter A. Berger (Hg.), *Soziale Ungleichheit. Klassische Texte der Sozialstrukturanalyse*, Frankfurt am Main: Campus, S. 63-72, hier S. 63 ff.

3 Vgl. www.dieuniversitaet-online.at/beitraege/news/studie-zu-sozialer-gerech tigkeit-und-politischer-gesinnung/10.html (Stand: 21. Dezember 2009).

geblichen Momenten der Sozialpolitik des 21. Jahrhunderts erklärten.[1]

Und dann gab es unter den Aufsteigern – neben jenen, die allmählich aus den sie beengenden sozialdemokratischen Arbeitervierteln emporgeklettert waren – diejenigen, die aus ähnlich einfachen Verhältnissen stammten, dabei aber ohne jede sozialdemokratische Sozialisation groß geworden waren. Denn das war das Spezifische der Protagonisten aus der sogenannten »Enkel«-Generation in der SPD: Ihre Kindheit und Jugend hatte sich nicht mit den solidargemeinschaftlichen Wärmestuben der alten SPD verknüpft. Weder Schröder noch Lafontaine, weder Scharping noch Engholm, weder Wieczorek-Zeul noch Müntefering kamen aus einem sozialdemokratischen Elternhaus, waren in sozialdemokratischen Erziehungsgeflechten aufgewachsen. Ihr Weg in Führungspositionen der SPD war keineswegs vorgezeichnet gewesen. Sie hätten gut auch in anderen Parteien anheuern können. Engholm liebäugelte eine Zeitlang mit den Jungdemokraten der FDP, Lafontaine sah sich zuweilen auf Veranstaltungen der CDU um; und Schröder hatte sich in seiner Jugend nicht gescheut, bei der rechtsextremen Deutschen Reichspartei vorbeizuschauen.[2]

Doch in den sechziger Jahren, als sich die Aufstiegsanwärter von unten parteipolitisch auf den nächsten Karriereschritt festlegen mussten, schien die SPD die günstigsten Perspektiven zu bieten. Die Partei hatte sich nach 1959 durch das Godesberger Programm explizit geöffnet, pochte nicht mehr auf Ideologie und Grundsatztreue, warb um junge Begabungen aus allen sozialen Schichten. Währenddessen wirkte die Christliche Union von langen Regierungsjahren ausgebrannt, auch erstarrt, weniger zugänglich für neue Talente diesseits der etablierten Mittelständischkeit. Kurzum: Die SPD schien nach dem Ende der Adenauer-Ära ein besserer Garant für Einfluss und Erfolg zu sein.

---

1 Vgl. etwa Gabriel, Sigmar 2008, *Links neu denken. Politik für die Mehrheit*, München/Zürich: Piper, S. 190 ff.

2 Vgl. Micus, Matthias 2005, *Die »Enkel« Willy Brandts. Aufstieg und Politikstil einer SPD-Generation*, Frankfurt am Main/New York: Campus, S. 55 f.

Und Erfolg war für die Generation Schröder das Attestat schlechthin für Leistung, Fleiß, Tüchtigkeit. Hatte man Erfolg, dann hatte man es geschafft. Der Erfolg war Seismograph für das, was richtig sein musste, nicht etwa ein Programm, ein Ethos, gar ein Prinzip. Dergleichen erwies sich aus ihrer Sicht als hinderlich, wenn es darum ging, sich politisch durchzusetzen. Und fast alle in dieser Gruppe hatten den Eindruck, dass allein sie es waren, die sich durchboxen, nach oben vorkämpfen mussten. Sie empfanden keine Dankbarkeit für die Parteiorganisation, deren Unbeweglichkeit sie eher verachteten. Sie fühlten keine Verbundenheit mit einer Sozialmoral, weil sie das nur in ihrer Elastizität, in ihren wendigen Rochaden eingeengt hätte. »Freie Bahn den Tüchtigen« – das war die Devise der individuellen Aufsteiger um Schröder & Co. Diese Leistungsideologie war bereits vor 1945 entstanden.[1] Aber sie bündelte pointiert das Lebensgefühl derjenigen, die in den Wirtschaftswunderjahren nach vorn kommen wollten – und dies auch schafften. So weit war dieses Lebensgefühl, das sich ja nicht die kollektive Emanzipation der unteren Schichten aufs Panier schrieb, von den Maximen der später so genannten Neoliberalen nicht entfernt. Von der sozialdemokratischen Enkelgeneration zur Westerwelle-FDP spannten sich Brücken. Auch das stolze Selbstbewusstsein, einen nicht einfachen Lebensweg aus eigenen Kräften bewältigt zu haben und am Ende einer langen Strecke ganz oben angekommen zu sein, dürfte Gerhard Schröder und Guido Westerwelle stillschweigend vereint haben. »Die bestehende Ordnung bleibt am Leben«, schrieb 1979 schon Urs Jaeggi, »weil die Arbeiterklasse eine eigene Hegemonie nicht erlangt hat, sondern absorbiert wurde. Von dieser Verschmelzung zehrt die bürgerliche Kultur, die andernfalls möglicherweise an ihren eigenen Geschöpfen längst zugrunde gegangen wäre. Die Angestellten, kleinen Beamten und Teile der hochqualifizierten Arbeiter sind heute ihr stärkster Garant. Diese Gruppen akzeptieren das Schulsystem

---

1 Vgl. Wehler, Hans-Ulrich 2003, *Deutsche Gesellschaftsgeschichte, 1914-1949: Vom Beginn des Ersten Weltkriegs bis zur Gründung der beiden deutschen Staaten*, Bd. 4, München: Beck, S. 684 ff.

mit den im wesentlichen bürgerlichen Normen; sie akzeptieren das Leistungsprinzip und die Leistungsideologie; sie akzeptieren den Besitzindividualismus; sie übernehmen die bürgerlichen Sozialisationsmuster, so wie von ihnen die bürgerliche Kunst (wenn auch häufig ratlos) als einzige anerkannt wird. Die Betreffenden wollen den Aufstieg, den Einstieg.«[1] Allerdings ist auch diese Abweichung bei politischen Aufsteigerkarrieren nicht ganz selten: Gerade die Kraftnaturen, die weit gekommen sind und dann brutal ausgebremst werden, geben hernach oft den *marginal man*, kehren agitatorisch zurück zu ihrer Ausgangsbasis, bieten sich den unteren Schichten als Tribunen an, die das herrschende System, auf dessen Klaviatur sie zunächst durchaus brillant zu spielen vermochten, radikal infrage stellen. Man sieht das an Oskar Lafontaine. Doch das ist ein anderes Thema.

Das primäre Thema war die »Kettenabwanderung« aus den Arbeiterquartieren während der Bildungsexpansion der sechziger und siebziger Jahre.[2] Diese hat die Arbeiterviertel von ehedem Zug um Zug entsozialdemokratisiert. Denn nun fehlten die Sprecher der Benachteiligten, die Organisatoren einer integrativen Eigenkultur, die Mittler von Normen und Zielen. Diejenigen, die zurückblieben,[3] besaßen nicht die Kraft, wohl auch nicht die Kompetenzen, in ihren Quartieren zivilgesellschaftliche Strukturen einzuziehen, durch intermediäre Einrichtungen – wie früher die Arbeiterwohlfahrt, Jugendverbände, Samariterkolonnen, Elternvereinigungen etc. – auch arbeitslose Einzelne zu assoziieren. Die vielen Individuen, die nun arbeitslos wurden und es

---

1 Jaeggi, Urs 2002, »Drinnen und Draußen«, in: Habermas, Jürgen (Hg.), *Stichworte zur ›Geistigen Situation der Zeit‹. Politik und Kultur*, Bd. 2, Frankfurt am Main: Suhrkamp, S. 443-473, hier S. 458 f.

2 Vgl. auch Solga, Heike/Sandra Wagner 2008, »Die Zurückgelassenen – die soziale Verarmung der Lernumwelt von Hauptschülerinnen und Hauptschülern«, in: Becker, Rolf/Wolfgang Lauterbach (Hg.), *Bildung als Privileg. Erklärungen und Befunde zu den Ursachen der Bildungsungleichheit*, 3. Aufl., Wiesbaden: VS Verlag für Sozialwissenschaften, S. 189-217, hier S. 191 ff.

3 Generell über dieses Phänomen: Gestrich, Andreas/Marita Krause (Hg.) 2006, *Zurückbleiben. Der vernachlässigte Teil der Migrationsgeschichte*, Stuttgart: Steiner.

sahen sich allein, isoliert, ohne die Kooperationen der Vergangenheit. Selbst Nachbarschaften trugen bald nicht mehr. Sicherheit und belastbare Alltagsgewissheit garantierten allein die vier eigenen Wände. Dahin zogen sich etliche Personen aus den früheren Arbeitermilieus zurück, resignierten, wandten sich ab von der Politik. Die Wohnflächen, welche die Aufsteiger verlassen hatten, füllten sich nun mit Migrantenfamilien, was die Rückzugs- und Abkapselungstendenzen der Alteinheimischen der unteren Schichten noch verstärkte. Einst waren diese Viertel hochpolitisiert, demonstrativ in Aktivität gehalten; jetzt gingen die einen enttäuscht nicht mehr zur Wahl, die anderen durften es aus Gründen des Staatsbürgerrechts nicht. So hatten diese Stadtbereiche keine Sprecher und keine Stimme bei denen, die politische Entscheidungen trafen. Man konnte sie vernachlässigen, ohne Gegenwehr fürchten zu müssen.[1]

Denn den Zurückgelassenen in den früheren Arbeitersiedlungen der Industriegesellschaft gebrach es an potentieller Macht oder auch nur an Bedeutung und Funktion. Die Arbeiterklasse in der Hochzeit des Industriekapitalismus konnte damit drohen, »alle Räder« zum Stillstand zu bringen, wenn der »starke Arm« des Proletariats dazu entschlossen war.[2] So lautete noch der Text des ersten Bundesliedes der frühen deutschen Sozialdemokratie. Doch die schlecht qualifizierten Arbeiter im Deindustrialisierungsprozess der siebziger Jahre waren für die modernen Unternehmen nicht mehr wichtig. Sie waren überflüssig geworden, ohne Nutzen für Produktivität und Gewinn. Die Lohnabhängigen früher mochten über Ausbeutung geklagt haben. Die Entbehrlichen der postindustriellen Gesellschaft mussten bekümmert feststellen, dass niemand mehr sie ausbeuten wollte, da die Ausbeute ihres Arbeitsvermögens dem Besitzbürgertum nicht mehr genügte. In den Jahren der Kanzlerschaft von Helmut

---

1 Hierzu und im Folgenden: Häußermann, Hartmut/Martin Kronauer/Walter Siebel (Hg.) 2004, *An den Rändern der Städte. Armut und Ausgrenzung*, Frankfurt am Main: Suhrkamp.
2 Vgl. Das Bundeslied in: Bartels, Hans-Peter u. a. (Hg.) 2009, *Das Vorwärts-Liederbuch*, Berlin: Vorwärts, S. 40.

Schmidt hofften noch etliche, dass die Arbeitslosigkeit wieder vergehen würde, Folge ungünstiger konjunktureller Rahmenbedingungen war, wie so oft in der Geschichte des Kapitalismus. Spätestens mit den achtziger Jahren aber wurde manifest, dass sich die Arbeitslosigkeit zu einem Langzeitphänomen verstetigte, dass selbst in guten Wachstumsjahren, wenn die Börsenkurse nach oben jagten, der Bedarf an manueller Industriearbeit nicht wieder stieg. Eine neue Klasse entstand daraus, ohne Bewusstsein, eigene Kollektivität und verbindende Interessen, ohne Gegenideologie und subversiven Aktionsdrang. Sozialwissenschaftler sprachen jetzt von den »Exkludierten«, der »Underclass« oder auch der »neuen Unterschicht«.[1] Das Signum dieser neuen Unterschichtigkeit war die Perpetuierung der randständigen Existenz, gewissermaßen die intergenerationelle Vererbung von sozialem Ausschluss und gesellschaftlicher Aussichtslosigkeit. Die Tragik dieser Lage bestand darin, dass die verschiedenen Elemente der Marginalität und der Abtrennung von der Mehrheitsgesellschaft ineinander übergingen, sich gegenseitig verstärkten, kumulativ die Not vermehrten. Arbeitslosigkeit bedeutete minderes Einkommen. Minderes Einkommen reduzierte die Wohnungsqualität. Schlecht beleumdete Quartiere wiesen große Defizite an infrastruktureller Versorgung auf. Vor allem das Niveau der Erziehungseinrichtungen, von den Kindergärten bis zu den Schulen, fiel weit unterdurchschnittlich aus. Bildungsmangel aber verhindert die Integration ins Erwerbsleben – ein wirklicher Teufelskreis, der sich spiralförmig reproduzierte.[2] Und die alten Anführer hatten sich auf und davon gemacht.

---

1 Vgl. Bude, Heinz/Andreas Willisch 2008, *Exklusion – Die Debatte über die* »*Überflüssigen*«, 2. Aufl., Frankfurt am Main: Suhrkamp.

2 Vgl. hierzu die vorzüglichen Studien von Kronauer, etwa: Kronauer, Martin 1997, »›Soziale Ausgrenzung‹ und ›Underclass‹: Über neue Formen gesellschaftlicher Spaltung«, in: *Leviathan* 25/H. 1, S. 28-49, hier S. 28ff.; ders. 1998, »Armut, Ausgrenzung, Unterklasse«, in: Häußermann, Hartmut (Hg.), *Großstadt. Soziologische Stichwörter*, Opladen: Leske + Budrich, S. 13-27, hier S. 13ff.; ders. 2002, »Die neue soziale Frage: Armut und Ausgrenzung in der Großstadt heute«, in: Walther, Uwe-Jens (Hg.), *Soziale Stadt – Zwischenbilanzen. Ein Programm auf dem Weg zur sozialen Stadt?*, Opladen: Leske + Budrich, S. 45-56, hier S. 45ff.

Anfangs ließen sie sich als Repräsentanten ihrer Partei noch an Samstagen sehen, und sei es nur am Infotisch vor dem Supermarkt. Doch selbst das hörte auf. Auch die Kümmerpose der sozialdemokratischen Funktionäre von ehedem – »wir machen dat schon« – verflüchtigte sich. Die Agenda 2010 trat an ihre Stelle, der schneidige Appell, doch selbst Verantwortung zu übernehmen, die Initiative zu ergreifen, jede Arbeit zu akzeptieren. Ihre Vorkämpfer von früher besorgten sich üppig alimentierte Beraterverträge bei Großkonzernen; sie, die Ausgeschlossenen, dagegen sollten sich mit Ein-Euro-Jobs bescheiden. Dreißig Jahre zuvor hatten sie noch zusammengehört, die Emporkömmlinge und die Zurückgelassenen des alten sozialdemokratischen Milieus. Nun waren es zwei konträre Lebenswelten. Die Sozialdemokraten fielen im September 2009 auch deshalb so tief, mussten nach elf Jahren aus dem Bundeskabinett ausscheiden, weil sie in ihrer Regierungszeit bei Arbeitslosen und Arbeitern 21 bzw. 25 Prozentpunkte verloren hatten. 1998, als Schröder gewann, hatten noch 49 Prozent der Arbeiter seiner Partei die Stimme gegeben; 2009, als die Müntefering-SPD abstürzte, lag der sozialdemokratische Wähleranteil bei den Arbeitern nur noch bei 24 Prozent, was selbst die CDU/CSU übertreffen konnte. Die gewerkschaftlich organisierten Arbeiter – zuvor stets die Treuesten der Treuen – hatten sich nach einer Dekade sozialdemokratischer Regierungspolitik fast zur Hälfte von ihrer angestammten Partei gelöst. In der Tat: 2009 ging das zu Ende, was 1973 begonnen hatte – die Auflösung der Sozialdemokratie, wie man sie seit 1863 zu kennen glaubte.

3. Der Projektverlust
Die Entzauberung des Keynesianismus

Und die Sozialdemokraten verloren ihr Wirtschaftsmodell, mit dem sie ein Optimum an Rationalität, Krisenbewältigung und Zukunftsplanung in der modernen Gesellschaft realisieren wollten. Sie verloren den Keynesianismus. Genauer: Der Keynesianismus verlor binnen weniger Monate alle Zug- und Überzeugungskraft, die den Sozialdemokraten noch Ende der sechziger Jahre den entscheidenden Schub verliehen hatte, in der Bundesrepublik erstmals den Kanzler stellen zu können.

Dabei waren die Sozialdemokraten in Deutschland sehr verspätete »Keynesianer«. Sie zählten keineswegs zu den ersten Jüngern des großen Ökonomen aus Cambridge, John Maynard Keynes, wie eben auch dieser nicht den Sozialisten, sondern der Liberal Party angehörte. Der dominante Theoretiker der Weimarer Sozialdemokratie, Rudolf Hilferding, verhielt sich als Reichsfinanzminister durch und durch antikeynesianisch. Mehr noch: Hilferding war ein guter Freund des asketisch harten Sparkanzlers Franz Brüning, den er während dessen Kanzlerschaft finanzpolitisch beriet und in seiner rigiden Austeritätspolitik bestärkte.[1] Dank seiner Autorität beim SPD-Vorsitzenden Otto Wels verhinderte Hilferding, dass die Sozialdemokraten die staatlichen Arbeitsbeschaffungspläne aus dem gewerkschaftlichen Bereich übernahmen. Hilferding beschwor in den frühen dreißiger Jahren die Gefahr einer neuerlichen Inflation herauf und predigte pure Angebotspolitik, die er mit marxistischem Vokabular garnierte, durch das er zu begründen versuchte, dass kapitalistische Krisen nicht durch öffentliche Investitionen oder Kredite überwunden werden könnten.

Obwohl die Republik und die Sozialdemokraten mit dieser Haltung furchtbar Schiffbruch erlitten, kam es auch nach 1945 zunächst nicht zu einer Revision des verbalradikal drapierten

1 Vgl. Smaldone, William 2000, *Rudolf Hilferding. Tragödie eines deutschen Sozialdemokraten*, Bonn: Dietz, S. 207 ff.

Attentismus in der Finanzpolitik. Für nachfrageorientierte Stimulanzen des Staates begeisterten sich anfangs weder Sozialdemokraten noch Gewerkschafter.[1] Eine Ausnahme war zu jener Zeit allein Karl Schiller, der bereits in den frühen dreißiger Jahren als Doktorand Keynes rezipiert und mit der nationalsozialistischen Beschäftigungspolitik theoretisch amalgamiert hatte.[2] Im wirtschaftspolitischen Paradigmenstreit der fünfziger Jahre war Schiller in Deutschland eine eher singuläre Figur der akademischen Opposition zum Ordoliberalismus des Bundeswirtschaftsministers Professor Ludwig Erhard. Während in vielen anderen Ländern spätestens zu Beginn der sechziger Jahre der Keynesianismus herrschende Ideologie wurde, blieben die deutsche Politik und Universitätsökonomie reserviert. Keynes war aus deren Sicht bestenfalls etwas für Krisen, für stagnative Perioden, für Zeiten hoher Arbeitslosigkeit. Doch davon konnte in Westdeutschland seinerzeit keine Rede sein. Also gab es auch keinen Bedarf an einer offensiven Ausgabenpolitik der öffentlichen Hände.

Die Rezession von 1966/67 mit dem Anstieg der Arbeitslosigkeit auf 2,1 Prozent, also fast eine halbe Million Erwerbslose,[3] veränderte das politische und gesellschaftliche Klima wesentlich.[4] Erhard musste als Kanzler weichen, die ihm wirtschaftspolitisch treu ergebenen Freien Demokraten verloren ebenfalls ihre Kabinettsposten. Der Herold des neuen wirtschaftspolitischen Denkens, Karl Schiller, zog jetzt als glamouröser Star in die Große Koalition ein und veranstaltete ein wahres Feuerwerk betören-

1 Vgl. Allen, Christopher S. 1989, »The underdevelopment of Keynesianism in the Federal Republic of Germany«, in: Hall, Peter (Hg.), *The political power of economic ideas. Keynesianism across nations*, New Jersey: Princeton University Press, S. 263-289.

2 Zu Karl Schiller die vorzügliche Biographie von Lütjen, Torben 2007, *Karl Schiller (1911-1994). »Superminister« Willy Brandts*, Bonn: Dietz. Vgl. auch die Hannoveraner Dissertation von Hochstätter, Matthias 2006, *Karl Schiller – eine wirtschaftspolitische Biographie*, online verfügbar unter: ⟨http://edok01.tib.uni-hannover.de/edoks/e01dh06/510331297.pdf⟩ (Stand: 12. Oktober 2009).

3 Vgl. die Statistik der Bundesagentur für Arbeit, *Arbeitslosigkeit im Zeitverlauf. Datenstand November 2009*, online verfügbar unter: ⟨www.pub.arbeitsagentur.de/hst/services/statistik/detail/z.html?call=l⟩ (Stand: 20. Dezember 2009).

4 Vgl. Abelshauser, Werner 2004, *Deutsche Wirtschaftsgeschichte seit 1945*, München: Beck, S. 409.

der, keynesianisch geprägter Semantik. Gerade die modernen Schichten des tertiären Sektors waren begeistert. Man schrieb Schiller und seinen keynesianischen Methoden der Globalsteuerung die rasche Überwindung der Krise gut. Dies wurde zu einem der seltenen Momente in der deutschen Geschichte, in denen Sozialdemokraten als Gewinner aus einer wirtschaftlichen Malaise hervorgingen, in denen man ihnen – und nicht den bürgerlichen Kräften – die ökonomische Kompetenz zuwies. Sie, nicht mehr die Liberalen und Konservativen, verfügten über eine kohärente Vorstellung von staatlichen Handlungsaktivitäten und wirtschaftlichem Wachstum mit dem Ziel gesamtgesellschaftlicher Wohlfahrt. Zwischen 1966 und 1973 war dies die Leitidee der Republik, Kern der kulturellen Hegemonie der Sozialdemokraten, während die bis dahin mentalitätsbestimmenden Christdemokraten sich unsicher auf der Suche nach zeitgemäß orientierenden Gedanken befanden. In diesen sieben Jahren gaben sich die Sozialdemokraten einmal nicht verzagt, nicht zweifelnd und im Hader mit sich selbst, sondern traten selbstbewusst auf, wähnten sich mit dem Geist der Zeit und der Zukunft im Bunde, im Besitz eines ausgefeilten und wissenschaftlich gestützten wirtschaftspolitischen Instruments, mit dessen Hilfe in einem überschaubaren Zeitraum von zehn bis fünfzehn Jahren aus Programmatik Realität gemacht werden sollte.

1973 platzte auch dieser Traum des planvollen Baus an der krisenfreien sozialdemokratischen Gesellschaft.[1] Und es endete der Frühling keynesianischer Euphorie – und dies brutal und für mehrere Jahrzehnte.[2] Der sozialdemokratische Keynesianismus hatte von 1966 bis 1973 mit prallem, pausbäckigem Optimismus den Anbruch einer neuen Zeit gesteuerter und gerechter Wohlstandsmehrung verkündet. Krisen waren in diesem Zukunftsver-

---

1 Auch: Issing, Otmar 1982, »Hat der Keynesianismus noch eine Zukunft? Bilanzen und Perspektiven keynesianischer Wirtschaftspolitik«, in: Vogel, Otto (Hg.), *Wirtschaftspolitik der achtziger Jahre. Leitbilder und Strategien*, Köln: Deutscher Instituts-Verlag, S. 15-35, hier S. 23.
2 Vgl. hierzu vor allem Nachtwey, Oliver 2009, *Marktsozialdemokratie. Die Transformation von SPD und Labour Party*, Wiesbaden: VS Verlag für Sozialwissenschaften, S. 154 ff.

sprechen Übel von gestern, waren wie klassische Seuchen oder frühindustrielle gesellschaftliche Volkskrankheiten durch die moderne Medizin aus der Welt zu schaffen. Die moderne Medikation der Politik für die zuvor erratischen Bewegungsabläufe der Ökonomie war ebender Keynesianismus. Und die volkspädagogische Version davon lautete: Stagnierte die Produktivität, wuchs die Zahl der Arbeitslosen, dann musste der Staat über die Haushaltspolitik durch Ausweitung kreditfinanzierter Ausgaben antizyklisch gegensteuern, um den Wirtschaftsmotor mit höherer Verve anzukurbeln. Eine maßvolle Erhöhung der Preise, also eine geringe Inflation, mochte dabei die Folge sein. Aber das war aus demokratiestabilisierenden Gründen zu verschmerzen, da die Erfahrungen der dreißiger Jahre gezeigt hatten, dass massenhafter Ausschluss der Menschen aus dem Arbeitsleben die größte Gefahr für die freiheitlichen Verfassungsstaaten bedeutete.

So lautete die sozialdemokratische Botschaft. Das war der Mehrheitskonsens in den meisten demokratisch-kapitalistischen Gesellschaften Europas und Nordamerikas. Dann aber explodierten die Erdölpreise, die Produktions- und Umsatzraten sanken rasant. Und in den modernen Gesellschaften des Westens koinzidierten plötzlich wirtschaftliche und soziale Probleme, die nach der keynesianisch-sozialdemokratischen Überzeugung gar nicht zur gleichen Zeit hätten auftreten dürfen. Denn die Lage war gekennzeichnet durch Stagflation, also Anstieg der Arbeitslosigkeit *und* Anstieg der Inflationsrate, stagnierendes Wachstum *und* erhöhte Preise. 1973 ging der Aufwärtstrend in der deutschen Wirtschaft zu Ende. Die Republik schlitterte in die bis dahin gravierendste Rezession ihrer Geschichte. Zwei Jahre später überschritt die Zahl der Arbeitslosen wieder die Millionengrenze. Man hatte die klassische keynesianische Ausgangskonstellation; eine aktive Beschäftigungspolitik durch Globalsteuerung hätte nun kraftvoll einsetzen müssen. Aber das verbot sich, weil zugleich die Inflationsrate – vor kaum etwas fürchteten sich die Deutschen damals mehr als vor rasanter Geldentwertung – erheblich angewachsen war. Der Staat hatte mithin zwei Aufgaben zu erfüllen, die sich konträr, ja antagonistisch zueinan-

der verhielten.[1] Er hatte zum einen durch expansive Ausgabenpolitik die wirtschaftliche Nachfrage zu steigern; er hatte zum
anderen aber, da die Staatsquote zuletzt aus vielerlei Gründen
schon markant in die Höhe geschossen war, das Defizit der
öffentlichen Hand zu verringern, also die nichtprivate Nachfrage zu drosseln – nicht zuletzt, um überhaupt wieder Manöv-
rierraum für künftige antizyklische Aktionen zu gewinnen.[2]
Kurzum: Die sozialdemokratische Zentralregierung befand sich
in einem offenkundigen Dilemma.[3] Das sozialdemokratische Versprechen der vorangegangenen Jahre wirkte kohärent, aus einem
Guss, gleichsam bestechend linear. Die politische und ökonomische Realität der Jahre ab 1973 aber erlaubte es nicht, die Leistungsfähigkeit und Stringenz des sozialdemokratischen Projekts
unter Beweis zu stellen. Der große Zauber der keynesianischen
Verheißung zerbrach in den Jahren 1973 bis 1975; zumindest brö-
ckelte damals seine hegemoniale Stellung in Öffentlichkeit und
Politik, bis sie in den achtziger Jahren dann fast zur Gänze unterminiert war.[4]

Ein Automatismus war das nicht. Gewiss, ohne die Enttäuschung
über evidente Fehlschlüsse der keynesianischen Prognose hätte
das Modell nicht so rasch und gründlich weithin in Misskredit
geraten können.[5] Aber es war auch ein veritabler, interessengelei-
teter Kampf der Ideen, der in jenen Jahren handfest und ziel-
genau stattfand. Und den Kampf der Ideen verlor der sozialdemokratische Keynesianismus zwischen 1973/75 und den frühen
neunziger Jahren auf ganzer Linie. Als große Sieger gingen die

1 Vgl. Abelshauser, Werner, *Deutsche Wirtschaftsgeschichte seit 1945*, S. 422 f.
2 Vgl. Merkel, Wolfgang 1993, *Ende der Sozialdemokratie? Machtressource und
   Regierungspolitik im westeuropäischen Vergleich*, Frankfurt am Main/New
   York: Campus, S. 20 f.
3 Vgl. auch Altvater, Elmar/Jürgen Hoffmann/Willi Semmler 1979, *Vom Wirt-
   schaftswunder zur Wirtschaftskrise. Ökonomie und Politik in der Bundesrepublik*,
   Berlin: Olle und Wolter, S. 327 ff.
4 Vgl. Padgett, Stephen/William E. Paterson 1991, *A history of Social Democracy in
   postwar Europe*, London/New York: Longman, S. 49 ff.
5 Vgl. auch Mayer, Kurt 1999, »Auf dem Weg zum Postfordismus«, in: Althaler,
   Karl S. (Hg.), *Primat der Ökonomie? Über Handlungsspielräume sozialer Politik im Zeichen der Globalisierung*, Marburg: Metropolis, S. 133-168, hier S. 160.

sogenannten Monetaristen, darunter als rigide Speerspitze die Angebots- und Privatisierungstheoretiker der Neoklassik, aus der Rivalität wirtschaftspolitischer Weltanschauungen hervor. Der Monetarismus war als akademische Schule längst präsent, führte aber insbesondere während der fünfziger Jahre vor allem außerhalb Deutschlands eher ein Nischendasein, verglichen mit dem Mainstream der keynesianischen Orthodoxie. Im universitären Bereich verbuchten die Freunde und Anhänger Friedrich Hayeks insbesondere im angelsächsischen Raum in der zweiten Hälfte der sechziger Jahre Terraingewinne.[1] In Deutschland neigte der Sachverständigenrat seit Beginn der siebziger Jahre bei der Interpretation der inflationären Gefahr ebenfalls zu monetaristischen Erklärungen. Für die autonome Bundesbank galt das in den folgenden Jahren besonders. In England und den USA gingen gutorganisierte Thinktanks nachgerade generalstabsmäßig vor, um die Deutungswelt der Wirtschaftspolitik neu zu konfigurieren. Erst veränderten sich die Universitäten, dann diffundierte die monetaristische Theorie, auf einige nachvollziehbare und plastische Losungen reduziert, in die Öffentlichkeit, drang über das Gros der sich massiv wandelnden Wirtschaftsredaktionen hinein in Parteien, Expertenkommissionen, Regierungsadministrationen, kurz: in die Politik. Natürlich handelte es sich nicht um einen interessenfreien Wettkampf allein von Konzeptionen.[2] Hinter dem staatlichen Interventionismus und der öffentlichen Daseinsvorsorge moderner Gesellschaften verbarg sich ein riesiges Feld bislang etatistisch betriebener Ökonomie, das für private Anleger bei privater Nutzung enorme Renditemöglichkeiten versprach.[3] Die erste Front in dieser Auseinandersetzung um gesellschaftliche und soziale Macht errichteten die Monetaristen in dem Land, das lange durch einen Sozialkeynesianismus und eine selbstbewusste Arbeiterbewegung geprägt gewesen war, in dem sich beides aber während der siebziger Jahre

---

1 Vgl. Merkel, Wolfgang, *Ende der Sozialdemokratie?*, S. 30.
2 Hierzu vor allem Dixon, Keith 2000, *Die Evangelisten des Marktes. Die britischen Intellektuellen und der Thatcherismus*, Konstanz: Universitätsverlag, S. 12 ff.
3 Nachtwey, *Marktsozialdemokratie*, S. 179.

nachhaltig diskreditierte, bis diese Entwicklung im berüchtigten »Winter des Missvergnügens« 1978/79 kulminierte: in England. Und die radikale Bannerträgerin in der Bataille gegen Staat, Gewerkschaften, öffentliche Investitionen war Margaret Thatcher. Am Ende des Gefechts war die Sozialdemokratie in Großbritannien – aber nicht nur dort – in der Tat nicht mehr dieselbe politische Formation.

Ungeschick wird man den neuliberalen Gegnern des sozialdemokratischen Keynesianismus nicht vorwerfen können. Sie argumentierten nicht in einem schwer verständlichen akademischen Jargon, wenn es darum ging, die Vorzüge ihrer Wirtschaftsideologie herauszustellen. Sie hatten immer die Massenwirksamkeit im Auge, gewissermaßen die Lufthoheit über den Alltagsdiskurs. Auf fünf Ebenen setzten sie dabei an. Sie kritisierten, erstens, den keynesianischen Feind nicht allein deshalb, weil mit seinem Werkzeugkasten die ökonomische Krise nicht zu beheben war. Sie warfen den Kontrahenten vielmehr vor, Ursache der Krise und damit Auslöser aller übrigen gesellschaftlichen Probleme zu sein. Damit hatte man die zweite Ebene betreten; und hier knüpfte man an den manifesten Verdruss des Großteils der Bevölkerung gegen Staat und Administrationen an. Der Keynesianismus, so warben die Angebotstheoretiker für ihren Entwurf, habe einen gigantischen bürokratischen Leviathan herangezüchtet, mit Kolonnen von Staatsfunktionären, welcher allen fleißigen Bürgern die Luft zum Atmen nehme. Das führte zugleich zur dritten Ebene, auf der man die Flagge der Freiheit und des Individuums entrollte. Die Neuliberalen der Zeit nach 1973 rekurrierten gern auf das Argument der Internationalität von Handel wie Finanzen und auf die Alternativlosigkeit zur Anpassung nationaler Ökonomien an die so vorgegebenen Sachzwänge. Aber sie ahnten stets, dass es nicht reichte, den Bürgern allein das Korsett anzubieten. Sie schmückten infolgedessen ihren Weg immer auch mit den Accessoires von Freiheit, Subjektivität, Privatheit, Unabhängigkeit.[1] Der Keynesianismus spielte in diesem

---

1 Vgl. auch Kaufmann, Franz-Xaver 2005, *Sozialpolitik und Sozialstaat. Soziologische Analysen*, Wiesbaden: VS Verlag für Sozialwissenschaften, S. 304.

Drehbuch die Rolle des staatlichen Dirigenten, gar des Pfadführers in die Unfreiheit, ja: in die Sklaverei der sozialistischen Funktionäre.[1] Der Neuliberalismus dagegen durfte die Rolle des individuellen Helden ausfüllen, der aus eigener Initiative und in innerer Verantwortung dem Licht der Freiheit entgegenschritt. So, in dieser bipolaren Hell-Dunkel-Inszenierung, hatten zu allen Zeiten alle Ideologen, die faszinieren wollten und Massen zu ergreifen versuchten, ihre Dramen in Szene gesetzt. Der vermeintlich rein pragmatische Neoliberalismus machte da keine Ausnahme. Und doch verhüllte er auf der vierten Ebene seines semantischen Feldzuges gern den manichäischen Zug seiner Lehre. Deshalb pflegte er sorgfältig eine Realitäts- und Sachlichkeitsrhetorik. Dies mündete schließlich in die fünfte und letzte Ebene neuliberaler Hegemonialstrategie. Der pragmatische Realismus der Antikeynesianer lockte die fleißigen Einzelnen, die Leistungsbereiten mit der Aussicht auf materielle und soziale Besserstellung. »Leistung muss sich wieder lohnen«, damit jeder tatsächlich »seines Glückes Schmied« werden konnte. Und hatte der Tüchtige auf diese Weise endlich wieder »freie Bahn«, dann – und nicht durch sozialetatistischen Dirigismus und patriarchalische Betreuung – würde die Wirtschaft rasch wieder flottgemacht sein.

Gerade hier, auf dieser fünften Ebene des Ideologienkampfes, hatten die Neuliberalen dem sozialdemokratischen Gegner in den siebziger und achtziger Jahren den empfindlichsten Schlag versetzt. Mit ihren fortwährenden Spitzen gegen die Staatsfixiertheit und den zentralistischen Zugriff sozialdemokratischer Politik sekundierten sie der Distanz jüngerer, akademischer und eher linkslibertärer Bürger gegenüber autoritären Staatslösungen. Der Neuliberalismus hier, eine Art Ökolibertät dort – das waren seit der zweiten Hälfte der siebziger Jahre die bevorzugten Einstellungen in den meinungsstreuenden, die Themen der Zeit vorgebenden avancierten Mittelschichten. Die sozialdemokratische Denkart verlor demgegenüber an Boden, büßte ihren Reiz ein, ge-

1 Dixon, *Die Evangelisten des Marktes*, S. 15.

riet zunehmend in die Defensive bei den kulturell-gesellschaftlichen Multiplikatoren der deutschen Republik.

Doch das war es nicht allein, was den Sozialdemokraten in mittlerer Frist schadete. Mit ihrem Appell an die Fleißigen, Leistungsbereiten, Aufstrebenden zielten ihre Gegner auf die Kerngruppe und Basismentalität der sozialdemokratischen Facharbeiterschaft selbst. Der Neuliberalismus individualisierte die gemeinschaftliche Emanzipationsperspektive des traditionellen Sozialismus, sprach stattdessen den Ehrgeiz jedes Einzelnen an und ermunterte ihn mit dem Sprungbrett der »Chance« zum Ausstieg aus der bisherigen Begrenzung und zum eigenen Aufstieg in die höheren Ränge der gesellschaftlichen Hierarchie. Der Neuliberalismus setzte also den Hebel bei lang überlieferten, aber bis dahin chronisch enttäuschten Hoffnungen des sozialdemokratischen Milieus auf allgemeine Hebung der sozialen Lage an. Nur übergab er die Möglichkeit, die inferiore Klassensituation zu verlassen, dem Individuum selbst, dispensierte es von der Solidarität mit allen anderen, den weniger mobilen Teilen der eigenen Sozialschicht. Der Neuliberalismus drohte auf diese Weise die alte Sozialdemokratie zu enteignen, sie durch Teiladaption und Umfunktionalisierung ihres Zukunftsversprechens des historischen Subjekts zu berauben. Wir sahen bereits, dass diese Deutung Ankerplätze in den Aufstiegsbiographien der Generation Schröder gefunden hat.

In der Tat: Bei der Verteidigung des interventionistischen Sozialstaats standen die Sozialdemokraten nun ohne ein intellektuell stringentes Paradigma da. Ihre Gegner hingegen besaßen ein solch konzis durchkomponiertes Konzept; und stützten sich damit auf breites Einverständnis der gesellschaftlichen Mitte. Die Sozialdemokraten waren über Jahre nicht in der Lage, ihnen Paroli zu bieten. Dabei hatten wohlfahrtsstaatliche Erwartungen bei einem Großteil der Bevölkerung feste Wurzeln geschlagen. Mürrisches Genörgel über Bürokratie und Ämter war dort zwar wohlfeil. Aber die Institutionen der Daseinsvorsorge wurden gesucht, genutzt und geschätzt. Man verließ sich bei der Planung des Lebens auf sie. Darauf durften die Sozialdemokraten auch fürderhin bauen, ihre Wahlkämpfe ausrichten. Zudem zeigte der Keynesianismus in den Jahren 1977 bis 1979, als Geld- und Finanzpolitik vorübergehend an einem Strang zogen und gemeinsam den vorangegangenen restriktiven Kurs verließen, noch einmal seine antizyklische Kraft, da die Beschäftigungsverluste jetzt ganz kompensiert werden konnten.[1]

Das war ein stolzer Erfolg. Und die Sozialdemokraten unter Kanzler Helmut Schmidt erlebten in diesen Jahren ein beachtliches Zwischenhoch. Aber sie konnten ihre Regierungspraxis nicht mehr in ein überzeugendes Narrativ übersetzen. Schmidt war sowieso kein Liebhaber großer Erzählungen.[2] Doch zudem leuchteten ihm eine Reihe der Einwände des Monetarismus gegen einen großzügigen Sozialkeynesianismus durchaus ein. Der Siegeszug des Monetarismus in der gouvernementalen Politik begann nicht mit Thatcher oder Kohl; er nahm seinen Anfang bereits, zumindest tröpfchenweise, unter Callaghan und Schmidt. Und er setzte sich gerade bei der sozialdemokratischen Generation fort, welche Kanzler Schmidt dafür zunächst noch heftig gescholten hatte. In der Kohorte der »Enkel«, die 1998 die Regierungsmacht erlangte, galt die nachkeynesianische Wirtschaftsideologie letztlich als »alternativlos«.

Natürlich war etwa Gerhard Schröder alles andere als ein puristischer Monetarist oder apodiktischer Angebotspolitiker. Schröder kannte keine Dogmen. Er fühlte sich nicht einmal an Prinzipien gebunden. Aber solche Prinzipien waren im Depot sozialdemokratischer Programmvorstellungen auch kaum noch auffindbar. Die großen Veränderungsphilosophien der SPD aus der Zeit vor dem Godesberger Programm waren entsorgt worden. Nach Go-

---

1 Auch Flassbeck, Heiner/Dieter Vesper 1986, »Konjunkturzyklus, Beschäftigung und Inflation – Bemerkungen zu alternativen wirtschaftspolitischen Strategien«, in: Krupp, Hans-Jürgen/Bernd Rohwer/Kurt B. Rothschild (Hg.), *Wege zur Vollbeschäftigung, Konzepte einer aktiven Bekämpfung der Arbeitslosigkeit*, Freiburg: Rombach, S. 124-146; Scharpf, Fritz W. 1987, *Sozialdemokratische Krisenpolitik in Europa*, Frankfurt am Main: Campus, S. 182 ff.

2 Siehe dazu auch die kritischen Erwägungen von Scherf, Harald 1986, *Enttäuschte Hoffnungen – vergebene Chancen. Die Wirtschaftspolitik der Sozialliberalen Koalition 1969-1982*, Göttingen: Vandenhoeck & Ruprecht, S. 70.

desberg hatten die harten Strategen des politischen Realismus um Herbert Wehner auch den Wertekatalog der ethisch motivierten Sozialdemokraten in die Giftschränke des Parteiarchivs eingeschlossen. Es sollte mit jeder Art eines verblasenen Idealismus Schluss gemacht werden. In jenen sechziger Jahren ging es einzig um die politische Macht, um die Okkupation des Staates, um die korporatistische Steuerung der Gesellschaft. Darauf hatten sich die sozialdemokratischen Anführer seit der Abenddämmerung der Kanzlerschaft Adenauers verständigt und strategisch ausgerichtet. Als eine Dekade später das letzte Konzept des sozialdemokratischen Veränderungswillens, ebender Schiller'sche Keynesianismus, durch die nichtintendierten stagflationären Resultate Schiffbruch erlitt, stand die Sozialdemokratie konzeptionell mit leeren Händen da. Während ihre Kontrahenten wieder und wieder die eingängigen Gassenhauer von »Freiheit, Individualität, Schutz des Privaten« schmetterten, wirkte das Lied vom steuernden Staat altbacken, unzeitgemäß. Die Sozialdemokratie insgesamt erschien dadurch trist, technokratisch und grau, ohne Schwung und Projekt.[1] Die nichtetatistische Energie, welche die Partei und ihr Umfeld zwischen den siebziger Jahren des 19. und den zwanziger Jahren des 20. Jahrhunderts ausgezeichnet hatte, war in der Ära Wehner-Brandt-Schmidt vor allem in den Staatssektor geleitet worden. Als autonome gesellschaftliche Kraft mit eigenständigen genossenschaftlichen Initiativen und Ideen verschwanden die Sozialdemokraten aus der Geschichte. Als die große Ernüchterung über die Gestaltungspotenz des Staates einsetzte, stand die Sozialdemokratie ohne ihr präferiertes Instrument da. Im Laufe der folgenden drei Jahrzehnte versuchten die Politiker der SPD daher, sich vom Stigma der Staatsfixierung zu lösen und nun ebenfalls dem Privaten den Vorrang zu geben. Als dann im neuen Jahrtausend die Staatsbedürftigkeit der neokapitalistischen Gesellschaften mit Aplomb zurückkehrte,[2] traf sie auf eine SPD, die nicht mehr wusste, was richtig war, die jetzt

---

1 Auch Merkel, *Ende der Sozialdemokratie?*, S. 33 ff.
2 Hierzu besonders Vogel, Berthold 2007, *Die Staatsbedürftigkeit der Gesellschaft*, Hamburg: Hamburger Edition.

gerne wieder die Kompetenz des Staates für sich reklamiert hätte, aber dies einfach nicht mehr – glaubwürdig – tun konnte.

4. Die Sackgasse
Der »Dritte Weg«

Die Nekrologe auf die Sozialdemokratie waren in dieser Zeit schon geschrieben. Den wirkmächtigsten Nachruf hatte Ralf Dahrendorf verfasst. Bereits 1983 verabschiedete er das Zeitalter der Sozialdemokratie.[1] Sie habe erreicht, was sie ursprünglich bewirken wollte – und sei daher durch den eigenen Erfolg überflüssig geworden. Damit waren der Tenor und die Richtung vorgegeben, die in den folgenden Jahren in unzähligen weiteren Kommentaren mehr oder weniger epigonal an- und eingeschlagen wurden.

Aber dann, Ende der neunziger Jahre, schienen die Requiems auf die Sozialdemokraten allesamt dementiert und falsifiziert zu werden. Der totgeweihte Patient kehrte prächtig erholt auf die politische Bühne zurück und forderte für sich die Hauptrolle. Elf der 15 Regierungschefs aus den Ländern der Europäischen Union gehörten der Sozialdemokratie an; in zwei anderen nationalen Kabinetten waren Sozialdemokraten zumindest als Juniorpartner vertreten. Auf den europäischen Gipfeltreffen des Jahres 1999 weilten Sozialdemokraten fast unter sich, worauf sie die Öffentlichkeit durchaus gerne und stolz aufmerksam machten. Tony Blair, Gerhard Schröder, Lionel Jospin, Göran Persson, Wim Kok und auch Romano Prodi – das waren die politischen Helden jener Jahre, zunächst vor Selbstbewusstsein strotzend, mit der Überzeugung ausgestattet, auf der Höhe der Zeit zu agieren, wieder – wie in früheren Zeiten – als politisches Agens der Zukunft zu walten.[2] Kaum jemand sprach zum Ausgang des 20. Jahrhunderts noch sinister vom Ende der sozialdemokratischen Ära; viele schwärmten hingegen nun von neuen »Dritten Wegen«.

1 Vgl. Dahrendorf, Ralf 1983, *Die Chancen der Krise. Über die Zukunft des Liberalismus*, Stuttgart: Deutsche Verlags-Anstalt, S. 16-24.
2 Vgl. auch Misik, Robert 2009, »War es das mit links?«, in: *die tageszeitung* (9. Juni 2009).

Und das Kanaan des Dritten Weges lag in London. Dabei: Fast zwanzig Jahre war die britische Gesellschaft für die Sozialdemokraten eher Wüste als Gelobtes Land gewesen. Präziser: Achtzehn bitter lange Jahre war die Labour Party ins Abseits einer rundum ohnmächtigen Opposition verwiesen, hatte erregt, aber ohne jede Wirkung den militanten Feldzug der Maggie Thatcher gegen die Wohlfahrtsstaatlichkeit ertragen müssen. Vier Wahlniederlagen in Folge waren zu verkraften, bis sich schließlich die britische Arbeiterpartei durchrang, den juvenilen Absolventen des elitären St John's College der Universität Oxford, Tony Blair, an der Spitze der Partei zu akzeptieren und sich fortan seinem Transformationswerk von Old Labour zu New Labour zu unterwerfen.

Seitdem hatte die englische Partei strategisch nicht mehr die kämpferische Arbeiterklasse im Visier, sondern die neue Zielgruppe: »Middle income, middle Britain«.[1] Drei Jahre nachdem er die Parteispitze übernommen hatte, zog Blair nach einem triumphalen Wahlsieg und als jüngster Premierminister der letzten 185 Jahre in Downing Street No. 10 ein. Der Enthusiasmus dieses Moments blieb 1997 keineswegs auf London, auf die Insel beschränkt. Der Jubel in der europäischen Sozialdemokratie war allgemein. Man sah das neue Morgenrot einer neuen sozialen Demokratie leuchten – weniger proletarisch, weniger etatistisch als früher, dafür frischer, dynamischer, moderner, marktwirtschaftlicher. Vorbei schien endlich die Zeit, da Sozialdemokratie und Anachronismus in einem Atemzug genannt, ja gleichgesetzt wurden.

Nach dem Verlust der keynesianischen Rezeptur firmierte der »Third Way« als die neue »Big idea« der europäischen Sozialdemokratie und der amerikanischen New Democrats.[2] So jedenfalls lautete der Anspruch. Man wollte mit der »Neuen Sozialdemokratie« wieder ein Stück geistiger Hegemonie zurückgewin-

---

1 Vgl. Seyd, Patrick 1998, »Tony Blair und New Labour«, in: King, Anthony (Hg.), *New Labour triumphs: Britain at the polls*, Chatham: Chatham House Publishers, S. 59.

2 Vgl. Blair, Tony 1999, *The Third Way. New politics for the new century*, London: Fabian Society. Vgl. auch Newman, Otto/Richard de Zoysa 2001, *The promise of the Third Way. Globalization and social justice*, Basingstoke u. a.: Palgrave.

nen. Zuletzt hatte man gespürt, wie sehr man in die Defensive geraten war, weil die anderen, die Neoliberalen, die Begriffe gefüllt und die Deutungen geprägt hatten. Es kam also auch darauf an, wer die Stichworte setzte, den Topos der Debatte innehatte, über das Markenetikett der »Moderne« verfügte.

Es war schon bezeichnend, dass sich die Begriffsschöpfung des Third Way und ihre positive Rezeption insbesondere in den angelsächsischen Ländern ereignete. Denn allein dort existierten keine gesellschaftlichen oder politischen Traditionen bereits versuchter Dritter Wege. Fast überall sonst in Europa hingegen hatten variantenreiche Experimente stattgefunden, die als Dritte Wege subsummiert worden waren.[1] Seit 1917, seitdem in Petersburg die revolutionären Matrosen das Winterpalais der Zarenfamilie gestürmt hatten, waren die Voraussetzungen für Dritte Wege gegeben, die zuvörderst alternative Pfade zur westlichen Kultur, zu den Demokratien und Märkten auf der einen Seite und zu der russischen Seele sowie dem Sowjetdespotismus auf der anderen Seite bilden sollten. Gerade in der unruhigen deutschen Gesellschaft der Zwischenkriegszeit grassierten die unterschiedlichsten Dritte-Wege-Projekte. Beliebt waren sie insbesondere bei der intellektuellen Rechten, bei Nationalbolschewisten, auch bei den Autoren des jungkonservativen Tat-Kreises um Hans Zehrer; doch auch beim linken Pendant, in linkssozialistischen Zirkeln und in der Linksopposition der SPD, erfreute sich die Ausschau nach einem Dritten Weg jenseits von sozialdemokratischem Reformismus und Moskauer Bolschewismus hoher Beliebtheit. Nach 1945 knüpfte der erste Nachkriegsvorsitzende der SPD, Kurt Schumacher, an solche Konzepte an, verstand den sozialdemokratischen Dritten Weg aber stärker als Gegenstück zu Sowjetkommunismus und amerikanischem Kapitalismus. Die Sozialistische Internationale gebrauchte den Terminus in den frühen fünfziger Jahren in einem ähnlichen Sinn.[2] Und auch die

1 Vgl. hierzu auch Gallus, Alexander/Eckhard Jesse 2001, »Was sind Dritte Wege? Eine vergleichende Bestandsaufnahme«, in: *Aus Politik und Zeitgeschichte* H. 16-17/2001, S. 6-15.
2 Vgl. auch den Habilitationsvortrag von Bernhard Weßels an der FU Berlin über

Katholiken wollten, angeführt von Papst Pius XI., auf derart alternativen Pfaden wandeln. Das Gleiche galt für den früheren Partisanen und späteren jugoslawischen Staatschef Josip Tito, auch für die Reformkommunisten des Prager Frühlings 1968 um Alexander Dubček. Italienische Faschisten, spanische Frankisten – alle hatten ein Faible für den Dritten Weg. Und selbst ein Vordenker des Ordoliberalismus, Wilhelm Röpke, hatte eine Zeit lang – vergeblich – versucht, seine Überlegungen durch die Chiffre des Dritten Weges zu popularisieren.[1]

Archäologen der Begrifflichkeit hätten die neuen Sozialdemokraten vor einer allzu leichtsinnigen Verwendung ihrer neuen Formel also warnen können. Historisch war nie etwas Gescheites aus den Dritten Wegen geworden; ganz überwiegend hatten dubiose Gestalten und politisch wirre Formationen ihre Finger im Spiel, wenn wieder irgendwo zu dritten Ufern aufgebrochen wurde. Doch der neue Führungstypus der Sozialdemokratie, die Blairs und Schröders, interessierte sich nicht für Geschichte, ließ sich durch die Last der Historie nicht in seiner durch und durch prosaischen Gegenwartsfixierung beschweren. Das dürfte bei dem intellektuellen Künder des Third Way, dem langjährigen Direktor der London School of Economics, Anthony Giddens, anders gewesen sein. Aber auch er hatte keine Scheu, den Anführern der Sozialdemokratie den Schild des Dritten Weges aufzubürden. Für ihn persönlich lohnte sich das durchaus, da sein Buch in etliche Sprachen übersetzt und in zahlreichen Ländern nicht schlecht verkauft wurde.[2]

Ein wenig verblüffend war das schon, denn sonderlich originell war der Entwurf nicht. Er sollte erkennbar den Überbau zimmern für etwas, das Tony Blair politisch längst tat. Der Third Way war nichts Genuines, er war, gleichsam als Korrektivvorgang, abgeleitet aus den Schwächen der ersten und zweiten, der

die »Dritten Wege«, online abrufbar unter: (www.wzb.eu/~wessels/Downloads/BW-habilvor4a.pdf) (Stand: 25. Dezember 2009).

1 Vgl. Watrin, Christian 1999, »Giddens' Dritter Weg«, in: *ORDO. Jahrbuch für die Ordnung von Wirtschaft und Gesellschaft* Bd. 50/1999, S. 475-480.

2 Giddens, Anthony 1998, *The Third Way. The renewal of Social Democracy*, Cambridge: Polity Press.

bislang dominanten, realen Wege.[1] Immerhin, solche Überlegungen trafen den Nerv und die Mentalität der nun von den Sozialdemokraten umworbenen gesellschaftlichen Mitte. Der neue Dritte Weg verhieß Maß und Besonnenheit, er versprach, den Extremismus, die Übertreibungen der ersten und zweiten Wege zu meiden.[2] Im präzisen Fall der historischen Gegebenheiten zum Ende des 20. Jahrhunderts sollte das bedeuten: Man wollte weder an den verbohrten Traditionalismen der alten Sozialdemokratie festhalten noch einfach die Rigiditäten der zuletzt regierenden Neoliberalen und Neokonservativen fortsetzen.

Im Grunde aber erkannten die Protagonisten des Dritten Weges konstitutive Axiome des Neuliberalismus an, während sie die grundlegenden Prämissen der Altsozialdemokraten verwarfen. Die Monetaristen hatten in den sechziger und siebziger Jahren die keynesianischen Rivalen schroff negiert, aus einer fundamentalen Kritik an diesen ihre eigene, grundsätzlich alternative Ideologie entwickelt. Eine solche scharf akzentuierte Gegenidee hatten die Sozialdemokraten des Dritten Weges nicht parat. Sie bejahten vielmehr die vorherrschende Wirtschaftsphilosophie der vorangegangenen zwanzig Jahre, gingen ebenfalls vom Primat der Märkte, dem Segen des Wettbewerbs, den Vorzügen privater Verantwortlichkeiten, der Modernisierungsleistung hochflexibler Finanzbewegungen aus – und von der Alternativlosigkeit all dieser Phänomene in der Globalisierungsgesellschaft. Der linkssozialistisch-austromarxistische Dritte Weg der zwanziger und frühen dreißiger Jahre war noch gedacht gewesen als besonderer Weg *im* Sozialismus, zwischen kommunistischer Autokratie und reformistischer Mutlosigkeit. Der Dritte Weg von Anthony Giddens oder Bodo Hombach zum Ende des 20. Jahrhunderts

---

1 Vgl. Sturm, Roland 2001, »Der Dritte Weg – Königsweg zwischen allen Ideologien oder selbst unter Ideologieverdacht?«, in: *Aus Politik und Zeitgeschichte* H. 16-17/2001, S. 3-5; vgl. auch White, Stuart 2001, »The ambiguities of the Third Way«, in: ders. (Hg.), *New Labour. The progressive future?*, Basingstoke u. a.: Palgrave, S. 3-17; Pfahl-Traughber, Armin 1999, »Anthony Giddens' ›Dritter Weg««, in: *Kommune* 7/1999, S. 62.

2 Vgl. besonders Vorländer, Hans 2001, »Dritter Weg und Kommunitarismus«, in: *Aus Politik und Zeitgeschichte* H. 16-17/2001, S. 16-23.

sollte hingegen nur einen spezifischen Pfad *innerhalb* der Markt-gesellschaften markieren, nicht mehr gegen sie, nicht jenseits von ihnen.

Auf Bodo Hombach traf das besonders zu.[1] Schröder hatte den früheren Intimus des nordrhein-westfälischen Ministerpräsiden-ten Johannes Rau nach dem Wahlsieg von Rot-Grün als Chef ins Kanzleramt geholt, wo er eine personelle und programmatische Front gegen den Parteichef und Bundesfinanzminister Oskar Lafontaine zu errichten hatte. Für intrigengestützte Raufereien dieser Art war Hombach zweifelsohne der geeignete Mann; diese Aufgabe meisterte er aus der Interessenperspektive seines Kanz-lers fraglos mit Bravour. Hombach hatte daneben aber immer auch seinen eigenen Plan, seine eigenen Ambitionen, weshalb die herausgehobene Männerfreundschaft zwischen dem Kanzler und ihm in der Regierungszentrale nicht lange hielt. Hombach woll-te die Sozialdemokratie konzeptionell und organisatorisch von Grund auf umstülpen. Er verachtete geradezu die Sentimentalitä-ten und Relikte der sozialdemokratischen Tradition, auch die bundesdeutsche Behäbigkeit und Trägheit insgesamt; sein Held war Ludwig Erhard. Zusammen mit Peter Mandelson, dem Ver-trauten und Spindoktor von Tony Blair, verfasste er ein »ziemlich miserabel redigiertes«[2] Manifest, das am 8. Juni 1999 in London unter dem Titel »Der Weg nach vorne für Europas Sozialdemo-kraten« vom britischen Premierminister und vom deutschen Bun-deskanzler vorgestellt wurde, seither als »Schröder-Blair-Papier« in die Debatte und Geschichte einging, jedenfalls als charakteristi-sches Dokument des Dritten Weges zu lesen ist, wenn sich auch die sozialdemokratischen Basisorganisationen in Deutschland im Folgenden gegen seine Rezeption sperrten.

Das Hombach-Mandelson-Papier war in der Tat ein merkwür-diges Elaborat.[3] Eine Dekade später noch einmal gelesen, wirkt

---

1 Vgl. auch sein Buch: Hombach, Bodo 1998, *Aufbruch. Die Politik der Neuen Mitte*, München: Econ.

2 Evers, Adalbert/Claus Leggewie 1999, »Der schwierige Dritte Weg«, in: *die tageszeitung* (22. Juni 1999).

3 Vgl. hierzu und im Folgenden Blair, Tony/Gerhard Schröder 1999, »Der Weg nach vorne für Europas Sozialdemokraten«, dokumentiert in: *Blätter für deut-*

es verblüffend oberflächlich, wie der pure Reflex der damals gängigen Slogans und Schlagzeilen, ein »Sammelsurium von politischen Floskeln und Binsenwahrheiten«.[1] Und es war der vollständige Kotau vor den klassischen Interpretationen der ewigen Gegner der Sozialdemokraten, war nirgendwo ein selbstbewusstes Design eines eigenen Modells, sondern eine »Orgie der Marktgläubigkeit«.[2] Das »Eigene« der Sozialdemokratie, ihr zäher geschichtlicher Kampf für soziale Gerechtigkeit, wurde gar explizit an den Pranger gestellt. Denn dieser Weg sei »mit immer höheren öffentlichen Ausgaben gepflastert, ohne Rücksicht auf Ergebnisse oder die Wirkung der hohen Steuerlast auf Wettbewerbsfähigkeit, Beschäftigung oder private Ausgaben«. Im Rahmen sozialdemokratischer Politik habe auf diese Weise eine »überproportionale Ausweitung von Verwaltung und Bürokratie« stattgefunden. Die neue Sozialdemokratie des Dritten Weges bzw. der »Neuen Mitte« marschierte nun in eine ganz andere Richtung, verfolgte eine »angebotsorientierte Agenda«. Sie akzeptierte »die Steuerungsfunktion von Märkten«, pochte entschieden auf eine »Liberalisierung des Welthandels«, optierte für die »Freisetzung von Kreativität und Innovation« auf »flexiblen Märkten«, deren »Ehrgeiz« »nicht durch Grenzen behindert werden« dürfe. Demgegenüber wurde dem *deficit spending* des Keynesianismus und »massiver staatlicher Intervention im Stile der 70er Jahre« eine klare, fast verächtlich formulierte Absage erteilt. Dem privaten Unternehmen kam die höchste Priorität zu. Dessen Initiativen sollten nicht durch Regulierungen »erstickt werden«. Um die Belastungen der Unternehmen zu reduzieren, seien »Steuerreformen und Steuersenkungen« anzugehen. Schließlich setzten sich Hombach und Mandelson vehement dafür ein, die Prinzipien der Märkte auch auf den öffentlichen Sektor zu übertragen, die Ausgaben dort zu kürzen und das »Effi-

sche und internationale Politik 7/1999, S. 887-896, online verfügbar unter: (www.blaetter.de/download.php?poi=artikel&nummer=452) (Stand: 25. Dezember 2009).

1 Zwickel, Klaus 1999, »Vom Wahlkampfknüller zum Rohrkrepierer«, in: *Frankfurter Rundschau* (7. Juli 1999).

2 Gaschke, Susanne 2008, »Die Neunmalklugen«, in: *Die Zeit* (16. Oktober 2008).

zienz-, Wettbewerbs- und Leistungsdenken« einzuführen. Um »schlechte Leistungen auszumerzen«, sei der öffentliche Dienst »rigoros zu überwachen«, hieß es in einer Sprache, die Victor Klemperer einst als »LTI«, als *Lingua Tertii Imperii* bezeichnet hatte.

Anthony Giddens, der geistige Vater des Dritten Weges und doch ein anderes intellektuelles Kaliber als die beiden Spindoktoren, war nicht sehr glücklich über das Opus von Hombach und Mandelson, welches sich Schröder und Blair zu eigen gemacht hatten. Giddens missfiel, dass in diesem Papier kaum auf die soziale Ungleichheit und die Macht großer Konzerne hingewiesen worden war.[1] Erhard Eppler, nach der Kanzlerschaft Schmidts der entscheidende Programmatiker in der SPD der achtziger und neunziger Jahre, äußerte sich regelrecht verbittert: »Das eigentlich Neue des Blair-Schröder-Papiers ist der bewusste Bruch jeder Kontinuität. Die eigene Vergangenheit ist nur noch die dunkle Folie, auf der das Grau des angeblich Neuen heller erstrahlen soll. Das, in der Tat, hat es in 136 Jahren noch nicht gegeben. Eine Partei, die so mit ihrer eigenen Geschichte umgeht, gibt sich selbst auf.«[2] Begeistert reagierte hingegen, zwei Tage nach der Präsentation des Papiers in der britischen Hauptstadt, der damalige Generalsekretär der bundesdeutschen Freidemokraten, Guido Westerwelle. Die Programmschrift, so Westerwelle süffisant, entspreche »in weiten Teilen den Vorstellungen der FDP«; man gedenke daher, ihre Kernaussagen als Entschließung in den Bundestag einzubringen.[3]

Das mag einer der medialen Gags gewesen sein, mit denen Westerwelle in jenen Jahren seiner damals noch dahinsiechenden Partei öffentliche Aufmerksamkeit verschaffen wollte. Aber ganz grundlos war seine triumphale Verlautbarung nicht. Auch Klaus Bölling, unter Helmut Schmidt Sprecher der Bundesregierung,

---

1 Vgl. Giddens, Anthony 2001, *Die Frage der sozialen Ungleichheit*, Frankfurt am Main: Suhrkamp, S. 14.
2 Eppler, Erhard 1999, »Wird diese Partei sich aufgeben?«, in: *Deutsches Allgemeines Sonntagsblatt* (23. Juli 1999).
3 Vgl. o.V., »FDP ist begeistert von Schröder-Blair-Papier«, in: *die tageszeitung* (11. Juni 1999).

spottete, dass sich einige Passagen des Schröder-Blair-Papiers »wie Texte aus den Werbeschriften der zusammengeschmolzenen FDP« lesen würden.[1] Der Dritte Weg dieser Spielart bedeutete tatsächlich eine Kapitulation der Sozialdemokratie vor tragenden Elementen alt- und neuliberaler Sichtweisen. Denn auch die Sozialdemokraten akzeptierten nun den Markt als Maß aller Dinge.[2] Die alten Sozialdemokraten hatten den Markt, als sie ihn nicht mehr abzuschaffen versuchten, doch bändigen, regeln, zumindest durch Prinzipien des Allgemeinwohls einrahmen und »vermenschlichen« wollen. Den Märkten Tag für Tag das Soziale abzuringen – das war die Raison d'être der postmarxistischen, reformistischen Sozialdemokratie.[3] Den Kräften des Marktes ohne hemmende Reglements volle Entfaltungsmöglichkeiten zu verschaffen – das gehörte seit den späten neunziger Jahren zu den Kernanliegen der postreformistischen Sozialdemokratie des Dritten Weges und der Neuen Mitte. Auch hier lokalisierte man die gesellschaftlichen Übel jetzt in erster Linie beim Staat, der – so Giddens – ein Erzeuger von Abhängigkeiten, unehrlichem Verhalten, Bürokratisierungen und Betrugsfällen sei.[4] Gerade der Wohlfahrtsstaat, das Modell der klassischen Sozialdemokratie, habe Verantwortungslosigkeiten, Arbeitsscheu, unmoralische Lebensführung, ja Kriminalität hervorgebracht.

Liberale hatten immer vor der »Krake Staat« gewarnt, die Sozialdemokraten folgten ihnen nun darin – stärker übrigens, als es ein Liberaler wie Ralf Dahrendorf für ratsam hielt[5] – und verabschiedeten sich so von sich selbst. Bis dahin galt ihnen der Staat als die Instanz, mit der die Gesellschaften gezielt und vernünftig

1 Bölling, Klaus 1999, »›Neue Mitte‹ – ein Phantom«, in: *Berliner Morgenpost* (21. Juni 1999).
2 Vgl. Sturm, »Der Dritte Weg«, S. 4.
3 Vgl. hierzu und insgesamt die eindringlichen Überlegungen bei Nachtwey, Oliver 2009, *Marktsozialdemokratie. Die Transformation von SPD und Labour Party*, Wiesbaden: VS Verlag für Sozialwissenschaften, S. 173 ff.; ders., »Gerechtigkeitsprobleme der Marktsozialdemokratie«, in: *Berliner Debatte Initial* H. 3/ 2007, S. 95-106.
4 Vgl. Giddens, *Die Frage der sozialen Ungleichheit*, S. 37 und S. 42.
5 Vgl. Dahrendorf, Ralf 1999, *Ein neuer Dritter Weg? Reformpolitik am Ende des 20. Jahrhunderts*, Tübingen: Mohr Siebeck, S. 21.

auf sich selbst einzuwirken vermochten, marktbedingte Privilegien eindämmen und die prinzipielle Gleichheit aller Einzelnen in ihrer Würde, ihren Rechten und Möglichkeiten garantieren sollten. Jetzt wurde der Staat dem Markt deutlich nachgeordnet; der Staat hatte zu agieren, um Märkte zu stärken, das Humankapital für den harten Wettbewerb zu befähigen und zu aktivieren, Standortvorteile für die globale Konkurrenz zu schaffen. Kurz: Der Staat sollte Märkte nicht mehr begrenzen, sondern öffnen, ihre innere Dynamik forcieren. »Die Politik«, so Anthony Giddens, »muß heute ihren Schwerpunkt von der Umverteilung des Wohlstands darauf verlagern, die Schaffung von Wohlstand zu stimulieren.«[1] Und alle hatten sich daran zu beteiligen; jeder musste arbeiten.[2] Wer es nicht tat, wurde durch systematische Überprüfungen aufgespürt und außerhalb der produktivistischen Pflichtgemeinschaft gestellt.[3] »Noch niemals seit der Abschaffung des Arbeitshauses«, kommentierte bissig der Soziologe und Nestor der *Cultural Studies* Stuart Hall, »ist Arbeit so leidenschaftlich und zielstrebig aufgewertet worden.«[4]

Die Ideenspender des Dritten Weges hätten – und haben – allerdings empört von sich gewiesen, lediglich in den Fußstapfen der neoliberalen Ideologen zu stehen. Sie insistierten darauf, dass es ihnen um eine Alternative zum Neuliberalismus der siebziger, achtziger und frühen neunziger Jahre gegangen sei. In der Tat, vollständig abgeschrieben hatten Giddens & Co. den Staat nicht. Ihnen war bewusst, dass man den öffentlichen Sektor nicht zu sehr ausdünnen durfte. Eine geradezu überragende Rolle sollte

---

1 Giddens, *Die Frage der sozialen Ungleichheit*, S. 10.
2 Vgl. Perger, Werner A. 1999, »Der Dritte Weg. Europas Linke sucht nach der großen Botschaft. Auch rechts«, in: *Die Zeit* (11. März 1999).
3 Vgl. Fischermann, Thomas 2001, »*Der Weg ins Nichts. Warum keiner mehr von Tony Blairs Drittem Weg redet – vor allem Tony Blair nicht*«, in: *Die Zeit* (7. Juni 2001).
4 Hall, Stuart 1999, »Bewegung ohne Ziel«, in: ders. u. a., *Tod des Neoliberalismus – es lebe die Sozialdemokratie? Marxism Today: Eine Debatte*, Hamburg: VSA (Supplement der Zeitschrift *Sozialismus* H. 1/1999), S. 22-40, hier S. 31; kritisch auch Dahrendorf, *Ein neuer Dritter Weg?*, S. 24; ders. 1999, »New Labour und Old Liberty – Kommentare zum Dritten Weg«, in: *Neue Zürcher Zeitung* (14. Juli 1999).

der Staat vielmehr dort spielen, wo der Grundstein für die Wettbewerbsfähigkeit und Innovationskraft von Gesellschaften und Nationen gelegt wird: in der Aus- und Weiterbildung der Menschen, in der fortwährenden Qualifizierung des »Humankapitals«. Hier hatte der Staat gezielt und mit ganzem materiellen Einsatz zu investieren, bei Ausgaben für die soziale Konsumtion aber drastisch zu sparen. Als das spezifisch sozialdemokratische Element empfanden die Propagandisten des Dritten Weges, dass es in ihrer Bildungsoffensive um die Gleichheit der Chancen, der Startbedingungen und Ausgangslagen ging.

Auch René Cuperus, gegenwärtig einer der programmatischen Köpfe der niederländischen Sozialdemokraten und durchaus mit einiger Skepsis gegenüber dem neuen sozialdemokratischen Revisionismus ausgestattet, lobte den Dritten Weg dafür, dass er sich aus der gefrorenen Dichotomie von Neuliberalismus hier und Keynesianismus dort herausbewegt und statt der ideologischen Verharzungen einen flexiblen Pragmatismus begründet habe.[1] Das konnte man gewiss so sehen. Ein lernender, sich korrigierender Empirismus mit ethischem Fundament mochte der temporeich wechselnden Komplexität moderner Gesellschaften tatsächlich weit angemessener sein als eine starr durchkomponierte Choreographie der wünschenswerten Zukunft. Doch berauschten sich mindestens Tony Blair und vielleicht mehr noch Gerhard Schröder an ihrer eigenen Alltagswendigkeit, die sie gerne zu Sentenzen veredelten wie: »Wichtig und richtig ist, was funktioniert.« Das allein bedeutete ihnen reale Politik. Mit dem Rest mochte sich die Zivilgesellschaft herumschlagen, deren Hohes Lied die Propheten des Dritten Weges auch gern anstimmten. Denn schließlich sollte der Staat ja nicht alles regeln.[2]

1 Vgl. Cuperus, René 2000, »Der Dritte Weg, ein intellektuelles Abenteuer, auch für Kontinentaleuropäer! Beobachtungen aus den Niederlanden«, online verfügbar unter: (http://library.fes.de/fulltext/akademie/00846002.htm) (Stand: 25. Dezember 2009).
2 Vgl. Vorländer, »Dritter Weg und Kommunitarismus«, S. 18; Dürr, Tobias 2000, »Vom Elend des Ausgedachten. Warum der ›Dritte Weg‹ der Sozialdemokraten nicht weiterhilft«, in: *Berliner Republik* 2/2000, online verfügbar unter: (www.b-republik.de/archiv/vom-elend-des-ausgedachten) (Stand: 25. Dezember 2009).

Die »Realität« war das Goldene Kalb der Dritten-Wege-Politiker, die so den Tempeln der überkommenen Weltanschauungen des Sozialismus entrinnen wollten. Und nichts war für sie so wirklich wie die Globalisierung, von der die neue Führungsriege der Sozialdemokratie fasziniert war. Die Globalisierung war für sie wie eine mächtige Naturgewalt, die man nicht aufhalten, nicht steuern, schon gar nicht begrenzen konnte.[1] Der Globalisierung musste man sich anpassen. Daran allein maß sich die Qualität der Politik, hier zeigte sich, ob man sich auf der »Höhe der Zeit« befand.[2] Das war die Aufgabe der Politik: der Gesellschaft, die sie repräsentierte, Tag für Tag Beine zu machen, ihr die Fitness für den erbarmungslosen internationalen Wettbewerb anzutrainieren. Gute Politik bedeutete das exzellente Management hochelastischer Adaptionen an die Beweglichkeiten der Weltmärkte und Wissensrevolutionen.[3] »Modern Governance« hatte dafür zu sorgen, dass in diesem Prozess »Synergieeffekte« hergestellt werden, um ein »Optimum« an »Effizienz« zu »generieren«. Aus solchen Versatzstücken und Synthetikbegriffen setzte sich das Paradigma des Dritten Weges zusammen.[4] Seine Jünger wirkten allesamt so, als kämen sie geradewegs aus einem zweiwöchigen Basiskurs »Rhetorik für jung-dynamische Führungskräfte«. Die »Keywords«, die alles beherrschten, lauteten jetzt »Moderne« oder »Progressivität«. Auch Giddens wich auf diese Schlüsselbegriffe aus, als das Etikett des Dritten Weges recht schnell – »Beschleunigung« war schließlich das Signum der gepriesenen Globalisierung – Staub ansetzte.[5] Die »Realisten« des Dritten Weges konnten große Schaumschläger des Wortes sein, die in ihrer bes-

---

1 Vgl. auch Martell, Luke 1999, »Blair and his critics«, online verfügbar unter: (www.sussex.ac.uk/Users/ssfa2/blaetter.pdf) (Stand: 26. Dezember 2009).

2 Typisch dafür Platzeck, Matthias/Peer Steinbrück/Frank-Walter Steinmeier (Hg.) 2007, *Auf der Höhe der Zeit. Soziale Demokratie und Fortschritt im 21. Jahrhundert*, Berlin: Vorwärts.

3 Vgl. auch Jacques, Martin 1999, »Es ist gut, wieder da zu sein«, in: Hall u. a., *Tod des Neoliberalismus*, S. 3.

4 Vgl. hierzu auch Prantl, Heribert 1999, »Der dritte Zustand der SPD«, in: *Süddeutsche Zeitung* (19. Juni 1999); Brumlik, Micha 1999, »Parvenüs und Kommunitaristen«, in: *die tageszeitung* (6. Juli 1999).

5 Vgl. Giddens, Anthony 2003, »Introduction. Neoprogressivism: A new agenda

ten Zeit ganze Batterien von Nebelkerzen warfen. Zum Dritten Weg gehörten infolgedessen stets der Marketingexperte und der Werbefachmann. Mit der neuen Sozialdemokratie stieg die Klasse der Spindoktoren auf. Im Frühling des Dritten Weges feierten auch die Kommunikationsagenturen ihre wildesten Partys. Die neue Politik und die Manipulatoren der Wirklichkeit brauchten einander, nährten sich gegenseitig.

Insofern war der Dritte Weg ebenfalls eine Art Blase. Als sie platzte, war viel Vertrauen dahin.[1] Die unteren Schichten hatten in den Jahren des Dritten Weges schneidende Appelle zur Arbeitsaufnahme unter allen Bedingungen anhören müssen, ihre Anführer zelebrierten währenddessen selbstgefällig, geradezu protzend einen neureichen Lebensstil, hofierten oft fast unterwürfig die Eliten des Industrie- und Finanzkapitalismus. Selbst Giddens klagte über eine zu starke »Liebesaffäre« der Spitzensozialdemokraten mit Wirtschaftsführern.[2] Die Bilanz der Regierungsjahre der Sozialdemokraten des Dritten Weges fiel entsprechend niederschmetternd aus. Die großen Gewinner waren nicht diejenigen aus den unteren und mittleren Schichten, die man »befähigen«, denen man »Chancen« vermitteln wollte, sondern die Superreichen der Gesellschaft. Dazu fiel Peter Mandelson nur das lässige Statement ein: »We are utterly relaxed about some people getting filthy rich.«[3]

Die unteren Schichten reagierten weit weniger entspannt, gerade auch in Großbritannien, wo die Armut heftiger ausfiel als in den alten kontinentaleuropäischen Wohlfahrtsstaaten.[4] Ein großer

---

for Social Democracy«, in: ders. (Hg.), *The Progressive Manifesto. New ideas for the Centre-Left*, Cambridge: Policy Network, S. 1-34.

1 Vgl. hierzu auch Reinecke, Stefan 2007, »Der Dritte Weg in die Sackgasse«, in: *die tageszeitung* (30. Oktober 2007).

2 Vgl. das Gespräch mit Anthony Giddens »Vorsicht vor den Bossen, Genossen«, in: *Die Zeit* (21. Februar 2002).

3 Zit. nach Hillebrand, Ernst 2009, »Eine Gesellschaft selbstbestimmter Bürger. Konturen eines sozialdemokratischen Projekts für das 21. Jahrhundert«, online verfügbar unter: (http://library.fes.de/pdf-files/id/ipa/06777.pdf) (Stand: 26. Dezember 2009).

4 Vgl. Merkel, Wolfgang 2005, »Die Schere im Kopf. Was ist los mit Europas sozialen Demokraten?«, in: *WZB-Mitteilungen* H. 109/2005, S. 8.

Teil der Mitte und der unteren Schichten konnte daher die Parolen aus den Mündern akademisch gebildeter und bessersituierter New-Labour-Minister bald schon nicht mehr hören. Besonders die Chancenrhetorik löste unten nach einiger Zeit Hohn und Hass aus.[1] Die stete Beschwörung der Chancengesellschaft rief bei all denen, die es nicht geschafft hatten, erst recht das Gefühl der Demütigung, der Wut, zuweilen der Scham hervor. Denn New Labour oder die SPD der Neuen Mitte wiesen ihnen nun die Verantwortung für die soziale Misere individuell zu. Dabei arbeiteten etliche hart, lang, viel – und blieben dennoch deprimierend arm. Der Wohlstandsgraben zwischen den oberen 15 Prozent und den unteren 15 Prozent hat sich in den letzten Jahren unter Blair gar noch vertieft. Sozial gerechter, integrierter, friedlicher, bürgergesellschaftlicher war die britische Gesellschaft alles in allem nicht geworden.[2] Und das Gleiche galt – wir gehen später noch näher darauf ein – für die bundesdeutsche Gesellschaft während der Kanzlerschaft Schröders.

Die Sozialdemokraten haben in diesen Jahren des Dritten Weges eine große historische Chance vertan. Denn sie verfügten zu jener Zeit in Europa weitflächig über die Regierungsmacht. Sie hätten die Finanzpolitik konzertieren, hätten harte Regeln für die Kapitalmärkte aufstellen können. Ebendas forderten schon 1999 einige prominente frühere Herolde des Neoliberalismus wie Paul Krugman, Jeffrey Sachs, George Soros.[3] Sie wussten, wovon sie redeten, erkannten klar, dass das unkontrollierte glo-

---

1 Vgl. hierzu Hillebrand, Ernst 2006 »Die Lage Labours am Ende der Ära Blair«, online verfügbar unter: (http://library.fes.de/pdf-files/id/04817.pdf) (Stand: 27. Dezember 2009).

2 Vgl. Barber, Michael 2007, *Instruction to deliver: Tony Blair, public services and the challenge of achieving targets*, London: Politicos; Riddell, Peter 2005, *The unfulfilled Prime Minister. Tony Blair's quest for a legacy*, London: Politicos; Sefton, Tom/Holly Sutherland 2005, »Inequality and poverty under New Labour«, in: Hills, John/Kitty Stewart (Hg.), *A more equal society? New Labour, poverty, inequality and exclusion*, Bristol: Policy Press, S. 231-250.

3 Vgl. hierzu Hobsbawm, Eric 1999, »Der Tod des Neoliberalismus«, in: Hall u.a., *Tod des Neoliberalismus*, S. 8ff.; Krugman, Paul 1999, *Die Große Rezession. Was zu tun ist, damit die Weltwirtschaft nicht kippt*, Frankfurt am Main/New York: Campus; Soros, George 2001, *Die offene Gesellschaft. Für eine Reform des globalen Kapitalismus*, Berlin: Fest.

bale Finanzsystem einer Katastrophe entgegensteuerte. Die Sozialdemokraten ignorierten all diese Warnungen; sie skandierten launig die neuliberalen Trinksprüche noch zu einem Zeitpunkt, als die Party längst ihren Höhepunkt überschritten hatte und der Katzenjammer sich schon andeutete. Hinzu kam, wie der kundige journalistische Beobachter Werner A. Perger über die Führungspersonen des Dritten Weges schrieb: »Sie hatten offenkundig keine Ahnung von den Alltagssorgen der Bürger, den Veränderungen am Arbeitsplatz, den Folgen des wachsenden Leistungsdrucks auf Familien.«[1] Auch Ralf Dahrendorf urteilte, der Dritte Weg sei allein »für diejenigen attraktiv« gewesen, die sich nicht bedroht gefühlt hätten.[2] Der Graswurzelverlust der Sozialdemokraten wurde sodann zur großen Chance des Rechtspopulismus in Europa. Die populistische Rechte wuchs und gedieh mit der bei ihr nun üblichen Sozialrhetorik trefflich an den Rändern des Dritten Weges.

---

[1] Perger, Werner A. 2004, »Besserwisser haben's schwer«, in: *Die Zeit* (14. Oktober 2004).
[2] Dahrendorf, Ralf 1999, »New Labour und Old Liberty – Kommentare zum Dritten Weg«, in: *Neue Zürcher Zeitung* (14. Juli 1999).

5. Beunruhigende Zustände
Die linke Mitte in Europa

Am Ende des »Dritten Weges« hatten sich dann erneut die Grab-
sänger der Sozialdemokraten versammelt. Und in der Tat: Die
Welt der europäischen Sozialdemokraten hatte sich zwischen
1999 und 2009 erheblich verdüstert. Die Zahl der EU-Staaten
war in diesem Zeitraum von zwölf auf 27 angewachsen; die Zahl
der sozialdemokratisch geführten Regierungen indessen war um
drei auf acht geschrumpft.[1] Binnen einer Dekade hatte sich die
politische Macht von Mitte-Links nach Mitte-Rechts verschoben, national und auch auf der Ebene des Europäischen Parlaments. Ende 2009 hatten die Sozialdemokraten in den großen
EU-Ländern Deutschland, Frankreich und Italien gouvernemental nichts mehr zu melden. Und in Großbritannien sah es für
die Labour Party zumindest zu diesem Zeitpunkt denkbar düs-
ter aus. Bei der vorangegangenen Kommunalwahl hatte die englische Arbeiterpartei das schlechteste Ergebnis ihrer Geschichte
bei Kommunalwahlen eingefahren.[2] Bei den Europawahlen war
sie im Juni 2009 auf 15,3 Prozent der Wählervoten abgestürzt,
nahm damit lediglich den dritten Platz ein, hinter der europa-
skeptischen United Kingdom Independence Party und den Konservativen.[3]
Überhaupt waren die Wahlen zum Europäischen Parlament ein
Desaster für die europäische Sozialdemokratie. In Deutschland
galt das Ergebnis von 20,8 Prozent als entscheidende Weichen-

---

1 Vgl. hierzu Engels, Jan Niklas/Gero Maaß (Hg.) 2009, *Im Blick der europäischen
Nachbarn. Analysen zur Krise der Sozialdemokratie nach der Bundestagswahl
2009*, online verfügbar unter: (http://library.fes.de/pdf-files/id/ipa/06792.pdf)
(Stand: 18. Dezember 2009); vgl. auch Merkel, Wolfgang 2005, »Die Schere im
Kopf. Was ist los mit Europas sozialen Demokraten?«, in: *WZB-Mitteilungen*
H. 109/2005, S. 6 ff.
2 Vgl. Grice, Andrew 2009, »Brown: I'm going nowhere«, in: *independent.co.uk*
(6. Juni 2009), abrufbar unter: (www.independent.co.uk/news/uk/politics/
brown-irsquom-going-nowhere-1698127.html) (Stand: 14. Dezember 2009).
3 Vgl. www.europarl.europa.eu/parliament/archive/elections2009/en/united_king
dom_en_txt.html#ancre1 (Stand: 14. Dezember 2009).

stellung für die Niederlage bei den Bundestagswahlen im September 2009. Dabei war der Verlust der SPD mit 0,7 Prozent noch glimpflich ausgefallen im Vergleich zu den Schwesterparteien in Portugal (−33,5 Prozent), Frankreich (−23,3 Prozent), Ungarn (−20,2 Prozent), den Niederlanden (−18,8 Prozent), Belgien (−18,4 Prozent) oder Österreich (−15,2 Prozent). Nur wenige sozialdemokratische Parteien schafften es noch, mehr als 20 Prozent der Stimmen auf sich zu vereinen;[1] die niederländische Partij van de Arbeid (PvdA) landete gar bei deprimierend geringen 7,1 Prozent.

Der Liebesentzug durch die Wähler traf die Sozialdemokratie durchaus unvorbereitet. Schließlich hatte sie noch Ende 2008 vor dem Hintergrund der Bankenkrise und der Aufwertung des Staates hoffnungsvoll gejubelt, dass nun die sozialdemokratischen Themen zurückkehrten.[2] Doch das Jahr 2009 zeigte: So wie sie sich zuletzt politisch präsentiert hatten, wurden die sozialdemokratischen Parteien nicht mehr mit den klassischen sozialdemokratischen Antworten identifiziert. Schließlich lag es nur ein paar Jahre zurück, dass die sozialdemokratischen Parteien in Europa dominiert, Regierungschefs und Finanzminister gestellt hatten, die dann mit besonders prononciertem Ehrgeiz die Privatisierung zuvor öffentlicher Einrichtungen betrieben, Begrenzungen des Finanzkapitalismus eingerissen und die Ausstattung des Staates reduziert hatten.[3] Währenddessen hatte sich ein Großteil der christdemokratischen, auch der originär konser-

---

1 Die spanische Partido Socialista Obrero Español (PSOE) beispielsweise bekam 38,5 Prozent der Stimmen. Allerdings erzielte die konservative Volkspartei (PP) ein Ergebnis von 42,2 Prozent und konnte damit erstmals seit der Parlamentswahl im Jahr 2000 wieder bei einer landesweiten Wahl in Spanien gewinnen. Vgl. www.europarl.europa.eu/parliament/archive/elections2009/de/spain_de.html (Stand: 21. Dezember 2009).

2 Vgl. beispielhaft das Gespräch mit Franz Müntefering »Die Luft ist voll sozialdemokratischer Themen und Antworten«, in: *Neue Gesellschaft/Frankfurter Hefte* H. 11/2008, S. 47 ff.

3 Vgl. Lemaître, Frédéric 2009, »La social-démocratie, victime inattendue de la crise«, in: *Le Monde* (17. Juni 2009); vgl. auch Lavelle, Ashley 2008, *The Death of Social Democracy. Political Consequences in the 21st Century*, Aldershot/Burlington: Ashgate, S. 22.

vativen Parteien neu besonnen und Abstand vom rhetorisch klir-
renden Neoliberalismus der achtziger und neunziger Jahre genommen. Als die europäischen Sozialdemokratien die kalte
Sprache der Wettbewerbstechnokratie und Markteffizienz für
sich entdeckten,[1] bedienten sich die Mitte-Rechts-Formationen
einer sanften Semantik, kleideten sich – wie in England und den
Niederlanden – mit dem Vokabular des »mitfühlenden Konservatismus« oder des Kommunitarismus, nannten sich – wie in
Schweden – »neue Arbeiterparteien« und schlossen – wie in den
skandinavischen Ländern – zumindest verbal Frieden mit dem
vom europäischen Durchschnittsbürger offenkundig geschätz-
ten sozialen Sicherungsstaat. Die gemäßigten Rechtsparteien
enteigneten – wie insbesondere Sarkozy in Frankreich – gezielt
die populären Themen und Säulenheiligen der Linken, neutrali-
sierten die früher singulären Kompetenzwerte der Sozialdemokraten im Bereich des Sozialen. Und ein Teil der konservativen
Parteien näherte sich – wie in Finnland – bündnispolitisch den
ökologischen Gruppierungen, was die Sozialdemokratie in der
Frage mehrheitsbildender Allianzen in Bedrängnis brachte. Auch
die neuen EU-Länder im östlichen Mitteleuropa brachten keine
Entlastung, im Gegenteil. Obwohl hier die sozialen Probleme
und Gegensätze bis zum heutigen Tag eher noch schärfer ausge-
bildet sind, ist – mit Ausnahme von Tschechien – die (sozialdemokratische) Linke fast von marginaler Bedeutung. In den balti-
schen Staaten gibt es sie nur rudimentär,[2] in Polen und Ungarn
haben sich anfangs starke postkommunistische Sozialdemokratien durch besonders rigide Wettbewerbsreformen selbst ins politische Abseits katapultiert.[3]

1 Vgl. vor allem MacShane, Denis 2009, »La social-démocratie doit choisir entre
  protestation et appétit du pouvoir«, in: *Le Monde* (27. Juni 2009).
2 Vgl. Reetz, Alex 2008, »Baltische Staaten: Politiker als Fixpunkte und verschiedene Varianten von parteipolitischer Fluidität«, in: Bos, Ellen/Dieter Segert
  (Hg.), *Osteuropäische Demokratien als Trendsetter? Parteien und Parteiensysteme nach dem Ende des Übergangsjahrzehnts*, Opladen: Budrich, S. 229-253,
  hier S. 237.
3 Vgl. Segert, Dieter 2008, »Parteien und Transformation in Europa nach dem
  Ende des Übergangsjahrzehnts«, in: Bos/Segert, *Osteuropäische Demokratien
  als Trendsetter?*, S. 11-33, hier S. 23; vgl. auch Kopeček, Lubomír (Hg.) 2005,

Kurzum: 2009 wurde zu einem bitteren Jahr für die Sozialdemokratie in Europa. Ausnahmen waren lediglich die Panhellenische Sozialistische Bewegung in Griechenland, die bei den Parlamentswahlen die absolute Mehrheit erringen konnte, und die Arbeiterpartei in Norwegen, die sich immerhin aus der Regierung heraus ein zweites Mal die Kabinettsführung sichern konnte – allerdings nur mit einer hauchdünnen Mehrheit der Parlamentssitze für die Mitte-Links-Koalition, die rein stimmenmäßig sogar hinter den Zahlen des Mitte-Rechts-Spektrums lag.[1] Im Übrigen aber bot das Jahr 2009 einige Negativrekorde für die europäische Sozialdemokratie. Bei den Regionalwahlen in Vorarlberg am 20. September 2009 kam die österreichische SPÖ erstmals in ihrer Geschichte bei Landtagswahlen nur auf Platz 4: Mit 10,1 Prozent der Stimmen lag sie hinter den Grünen, der rechtspopulistischen FPÖ und der christdemokratischen ÖVP.[2] Auch bei den Nationalratswahlen war die SPÖ, die in den siebziger Jahren dreimal hintereinander mit über 50 Prozent der Stimmen das Land souverän beherrscht hatte, 2008 auf 29,3 Prozent zurückgefallen: Ihre Wählerzahl war von 2,413 Millionen im Jahr 1979 auf 1,430 Millionen 29 Jahre später zusammengeschrumpft, also um ca. 40 Prozent.[3] Die schwedische SAP – neben der österreichischen Sozialdemokratie nach 1945 sicher die erfolgreichste Partei der demokratischen Linken in Europa – landete bei den Wahlen zum Europäischen Parlament in der Metropole Stockholm nur noch auf dem vierten Platz hinter Grünen, Liberalen, Konservativen und geriet damit in enge Konkurrenz zur neuen Partei der Piraten.[4] Landesweit stand die schwedische Sozialde

---

Trajectories of the Left. Social Democratic and (Ex-)Communist Parties in contemporary Europe: Between past and future, Brno: CDK & ISPO.

1 Vgl. Thielbeer, Siegfried 2009, »Der Langweiler«, in: *Frankfurter Allgemeine Sonntagszeitung* (20. September 2009).

2 Vgl. o.V., »Herbe Niederlage für die SPÖ«, in: *Süddeutsche Zeitung* (22. September 2009).

3 Vgl. SORA (Institut für Strategieanalysen) (Hg.) 2008, *Wahlanalyse Nationalratswahl 2008*, online verfügbar unter: (www.sora.at/images/doku/SORA_ISA_ Analyse_NRW_2008.pdf) (Stand: 16. Dezember 2009).

4 Vgl. Melin, Carl 2009, »Miljöpartiet nu större än socialdemokraterna i Stockholm«, in: *Newsmill.se*, abrufbar unter: (www.newsmill.se/artikel/2009/06/08/

mokratie, die 1979 noch über eine absolute Mehrheit aller Stimmen verfügte, bei 24 Prozent der Voten.[1] In den Niederlanden näherte sich die Partij van de Arbeid dem Charakter einer besseren Splitterpartei an. Bei Umfragen im Herbst 2009 rangierte sie nur noch an sechster Stelle, mit etwa acht Prozent der Wählersympathien hinter Rechts- und Linksliberalen, Linkssozialisten, Christdemokraten und Rechtspopulisten.[2]

Den Sozialdemokraten in Dänemark, das lange gerade auch der deutschen SPD als Vorbild für gelungene wohlfahrtsstaatliche Reformen galt, gelang es bei den drei Wahlen des ersten Jahrzehnts im 21. Jahrhundert nicht mehr wie noch in den neunziger Jahren, die 30-Prozent-Marke zu überschreiten. Im Jahr 2007 kam die dänische Partei, die 1979 immerhin 38,3 Prozent der Stimmen erzielt hatte, auf lediglich 25,5 Prozent der Wählervoten.[3] Noch heute werden die »Socialdemokraterne«, Begründer des dänischen Sozialstaats, für ihren Regierungskurs einer aktiven Arbeitsmarkt- und Beschäftigungspolitik während der neunziger Jahre gerühmt; aber elektoral geholfen hat ihnen das nicht. Die Schweizer Sozialdemokraten, lange Zeit stärkste Partei im Land, sind bei den Nationalratswahlen 2003 und 2007 von der rechtspopulistischen SVP überholt und auf den zweiten Platz verwiesen worden. Die finnischen Sozialdemokraten sind von 28,3 Prozent

miljopartiet-nu-storre-socialdemokraterna-i-stockholm) (Stand: 18. Dezember 2009). Die SAP belegte bei der Europawahl 2009 in der Kommune Stockholm, die die Stadt Stockholm mit den dazugehörigen Vororten umfasst, den vierten Platz nach den Wählerstimmen; in der Provinz Stockholm hingegen, welche weitaus größer ist und auch aus kleineren ländlichen Gebieten besteht, nahm sie den dritten Platz ein. Vgl. genauer zu den Ergebnissen der Europawahl in Stockholm: Öjemar, Fredrik 2009, »Så röstade Stockholmarna i EU-Valet«, in: *DN.se* (8. Juni 2009), abrufbar unter: (www.dn.se/fordjupning/europa2009/sa-rostade-stockholmarna-i-eu-valet-1.887260) (Stand: 18. Dezember 2009).

1 Vgl. www.europarl.europa.eu/parliament/archive/elections2009/sv/sweden_sv.html (Stand: 18. Dezember 2009).

2 Vgl. Hond, Maurice de 2009, »Nieuw Haags Peil van 17 oktober 2009«, in: *Peil.nl*, abrufbar unter: (www.peil.nl/?2778) (Stand: 20. Oktober 2009).

3 Die Wahlresultate sind abrufbar auf der Homepage des Folketings, des dänischen Parlaments also, unter: (www.ft.dk/Demokrati/Valg%20og%20afstemninger/Folketingsvalg/~/media/Pdf_materiale/Pdf_publikationer/Informationsark/Tal%20og%20fakta/Valg_og_tendenser.ashx) (Stand: 15. Dezember 2009).

im Jahr 1995 auf 21,4 Prozent zurückgefallen – und sehen sich nun in der Opposition einer Viererkoalition des um die Grünen ergänzten bürgerlichen Lagers gegenüber. Die schwedische SAP musste 2007 das schlechteste Reichstagswahlergebnis seit 1914 hinnehmen. Den Sozialdemokraten in Polen, dem Bund der Demokratischen Linken, gelang bei den Parlamentswahlen im Jahr 2001 mit 41 Prozent der Stimmen ein Kantersieg, den sie aber binnen kurzem wieder verspielten. Zuletzt erreichten sie kaum mehr als zehn Prozent der Polen, die am Wahlakt teilnahmen.[1] Und die britische Labour Party, die 1997 mit so großem Enthusiasmus ein neues Kapitel der demokratischen Linken aufzuschlagen beabsichtigt hatte, lag in den Umfragen Ende 2009 nur noch auf dem dritten Platz, hinter Liberaldemokraten und Konservativen.[2]

Die Jahre 2008 und 2009 stellten lediglich den Kulminationspunkt dar; aber die Entwicklung dorthin hatte früher begonnen. Die Erosion des sozialdemokratischen Lagers setzte bereits in den achtziger Jahren, in einigen europäischen Ländern auch schon während der siebziger Jahre ein. Seither laboriert die demokratische Linke an ihrem Zentralproblem: Ihre Parteitanker lecken an mehreren Stellen. Der Abfluss der Wähler erfolgte aus verschiedenen, zuweilen entgegengesetzten Motiven. Das manövrierte die Sozialdemokratie in eine strategische Zwickmühle. Versuchte sie auf der einen Seite durch zielgruppenspezifische Angebote ihre Defizite auszugleichen, liefen ihr auf der anderen Seite prompt umso mehr Wähler von der Fahne und umgekehrt. In diesem Dilemma steckt die Sozialdemokratie europaweit bis heute; ein probates Rezept, um sich der Schraubstocklage zu entwinden, hat sie bis zur Gegenwart nicht finden können.

1 Vgl. Śpiewak, Paweł 2008, »Erfolgsbedingungen neuer Parteien in Polen: Das polnische Parteiensystem nach der Parlamentswahl 2007«, in: Veen, Hans-Joachim/ Ulrich Mählert/Franz-Josef Schlichting (Hg.), *Parteien in jungen Demokratien. Zwischen Fragilität und Stabilisierung in Ostmitteleuropa*, Köln/Weimar/Wien: Böhlau, S. 73-87, hier S. 75; Lang, Kai-Olaf 2009, *Postkommunistische Nachfolgeparteien im östlichen Mitteleuropa: Erfolgsvoraussetzungen und Entwicklungsdynamiken*, Baden-Baden: Nomos, 2009, S. 73.
2 Vgl. www.ipsos-mori.com/researchpublications/researcharchive/poll.aspx?oIte mId=107&view=wide#2009 (Stand: 20. Dezember 2009)

Die erste Welle des sozialdemokratischen Schwunds ging von der europäischen Jugend der siebziger Jahre aus. In diesem Jahrzehnt kristallisierten sich neue Themen und soziale Bewegungen heraus, die sich nicht einfach an den früheren Klassen-Cleavages ausrichteten. Die ökologisch, feministisch, menschenrechtlich affizierten jungen Wähler suchten nach neuen politischen Repräsentanzen, was den zuvor eher müde dahinsiechenden Linkssozialisten nutzte und neue, grüne Parteien nährte. Nach dem parteipolitischen Konzentrationsprozess der fünfziger und sechziger Jahre stand das Parteiensystem, hier eben vor allem die demokratische Linke, wieder vor der Herausforderung der Desintegration, der Spaltung in verschiedene Teilgruppen. Immerhin: In ihren besseren Zeiten, nach einer Phase der programmatischen Selbstkorrekturen, schaffte es die Sozialdemokratie vor allem in Skandinavien, einen Teil der abtrünnig gewordenen jungen Leute von links wieder heimzuführen. Mit der zweiten Abflusswelle in der jungen Wählerschaft, bei den Geburtskohorten der Jahrgänge zwischen 1965 und 1980, taten sie sich hingegen sehr viel schwerer. Diese Generation hatte den viel gepriesenen Wohlfahrtsstaat in den Jahren ihrer primären Sozialisation schon als brüchig und reparaturbedürftig erfahren. Das Gros dieser Jahrgänge wandte sich während der achtziger und neunziger Jahre bei Wahlen den Mitte-Rechts-Parteien zu – und blieb dort, im Gegensatz zur ökologisch-alternativen-linken Vorgängergeneration, vor allem wenn es im global ausgerichteten Privatsektor der Ökonomie beschäftigt war.[1] In Schweden kam die SAP bei den 18- bis 21-Jährigen zuletzt nur noch auf ein Fünftel der abgegebenen Stimmen; die konservativen »Moderaten« erzielten hier bessere Werte. Allein bei den über 65-jährigen Schweden ist die sozialdemokratische Welt noch intakt.[2] Diese

1 Vgl. Goul Andersen, Jørgen 1996, »Socialdemokratiets vælgertilslutning, 1971-1994«, in: Callesen, Gerd/Steen Christensen/Henning Grelle (Hg.), *Udfordring og omstilling. Bidrag til Socialdemokratiets historie 1971-1996*, Kopenhagen: Fremad, S. 174-220.
2 Vgl. Aylott, Nicholas/Niklas Bolin 2007: »Towards a two-party system? The Swedish parliamentary election of September 2006«, in: *West European Politics* 30/H. 3, S. 621-633, hier S. 628.

Generation ist in den goldenen Jahren des Wohlfahrtsstaates, im berühmten »Volksheim«[1], groß geworden und hält an dieser Ordnung des Gemeinwesens treu fest. Generell sind die Sozialdemokratien in Europa zu politischen Formationen »Grauer Panther« geworden. Rentner und Pensionäre sind mittlerweile ihre sicherste Bastion. Als die österreichischen Sozialdemokraten unlängst das Wahlrecht ab 16 postulierten, hieß es innerparteilich ironisch, man solle doch besser die Parole »Wählen erst ab 66« in die Debatte bringen, da allein dies die Machtperspektive der eigenen Partei sichern könne.[2] Kaum anders verhält es sich in den Sozialdemokratien des postkommunistischen östlichen Mitteleuropas. Sie sind ebenfalls sehr stark Generationen- bzw. Rentnerparteien – in diesem Falle: derjenigen Jahrgänge, die von einigen Chancen sozialer Mobilität im früheren Staatssozialismus profitiert haben.

Ähnlich unmodern erscheinen die Sozialdemokraten in ihrem jahrzehntelangen Paradeland, in Schweden. Bei den letzten Reichstagswahlen schnitt die SAP in den prosperierenden Regionen signifikant schlecht ab, im *tillväxt Sverige*, dem »Zuwachs-Schweden«.[3] Hier erreicht die Sozialdemokratie längst keine 30 Prozent der Wähler mehr. An Werte nahe der absoluten Mehrheit gelangt sie hingegen in den strukturschwachen nördlichen und nordöstlichen Provinzen des Landes mit ihren überkommenen Holz- und Eisenindustrien. Hier ist der gewerkschaftliche Organisationsgrad der Arbeiter des sekundären Sektors weiterhin hoch, während in der Metropole Stockholm die Krise gewerkschaftlicher Rekrutierungsfähigkeit weit vorangeschritten ist – mit negativen Folgen eben auch für die Wählermobilisierung der sozialdemokratischen Partei.

1 Vgl. hierzu Dahlqvist, Hans 2002, »Folkhemsbegreppet: Rudolf Kjellén vs Per Albin Hansson«, in: *Historisk Tidskrift* H. 3/2002, S. 445 ff.
2 Vgl. John, Gerald/Michael Völker 2009, »Die sieben Sünden der SPÖ«, in: *Der Standard* (13. Oktober 2009).
3 Zur Reichstagswahl 2006 vgl. Jochem, Sven 2006, »Die Reichstagswahl 2006. Eine Zäsur in der schwedischen Parteiengeschichte«, in: *Nordeuropaforum* H. 2/2006, S. 5-24; Pfeil, Florian 2006, »Regierungswechsel in der Hochburg der Sozialdemokratie: Die Wahlen zum Schwedischen Reichstag vom 17. September 2006«, in: *Zeitschrift für Parlamentsfragen* 37/H. 4, 763-777.

Nicht wenige Interpreten haben im letzten Vierteljahrhundert daher den Sozialdemokraten zugerufen, sich doch sozial grundlegend zu modernisieren, weg von den proletarischen Wurzeln, hin zu den neuen Gruppierungen der Mitte. Und diesem Rat sind die meisten sozialdemokratischen Parteien gefolgt, was angesichts der eindeutigen soziologischen Entwicklungstendenzen in den neokapitalistischen Gesellschaften unzweifelhaft verständlich war. Denn als wachsende Klasse der Zukunft ließ sich die manuell tätige industrielle Arbeiterschaft schwerlich noch definieren. Indes: »Die Bestrebungen der Partei, ihr Image als Arbeiterpartei loszuwerden, waren allzu erfolgreich«, formulierte 2003 ironisch der dänische Professor für politische Soziologie Jørgen Goul Andersen.[1] So war es; und das galt nicht nur für Dänemark, wo der Anteil der Arbeiter, die für eine der beiden linken Parteien stimmten, zwischen 1966 und 2001 um fast 40 Prozent zurückgegangen war. Den Nutzen daraus zog die populistische Rechte in Gestalt der Dänischen Volkspartei. Heftig fiel der Lagerwechsel der Arbeiterschaft insbesondere in Österreich aus, das Land mit der über Jahrzehnte am besten organisierten sozialistischen Arbeiterkultur überhaupt. 1979 erfuhr die SPÖ noch den Zuspruch von zwei Dritteln der Arbeiter des Alpenstaates; zwanzig Jahre später hatte sich der Anteil auf ein Drittel reduziert. Im gleichen Zeitraum verzeichnete die rechtspopulistische FPÖ ein Wachstum ihrer Arbeiteranteile von vier auf 47 Prozent. Auch bei den letzten Nationalratswahlen in Österreich Ende 2008 lagen die Rechtspopulisten im Arbeitersegment vor der SPÖ.[2]

Analog verlief die Entwicklung in Frankreich. François Mitterrand fand im ersten Wahlgang zu den Präsidentschaftswahlen 1988 noch die Unterstützung von 41 Prozent der französischen

---

1 Vgl. Goul Andersen, Jørgen 2003, »Operationen lykkedes, men lægen døde. Socialdemokratiets kriser fra Krag til Lykketoft«, in: *Politica* 35/H.4, S. 413-432, hier S. 414; vgl. auch ders. 1996, »Socialdemokratiets vælgertilslutning, 1971-1994«, in: Callesen/Christensen/Grelle (Hg.), *Udfordring og omstilling*, S. 174-220.

2 Vgl. Plasser, Fritz/Peter A. Ulram (Hg.) 2003, *Wahlverhalten in Bewegung. Analysen zur Nationalratswahl 2002*, Wien: WUV.

Arbeiter. Lionel Jospin musste sich 14 Jahre später mit lediglich 13 Prozent begnügen, weshalb er nicht einmal die Chance auf einen zweiten Wahlgang erhielt. Der Gaullist Jacques Chirac bekam sechs Prozent mehr Arbeiterstimmen. Aber der Spitzenreiter in der Arbeiterklasse, dem einstigen sozialistischen Subjekt, war der Rechtspopulist Jean-Marie Le Pen.[1] Auch in Frankreich hatte das Proletariat mehrheitlich die politische Seite gewechselt. Ein Ferment sozialistischer Veränderung war es längst nicht mehr. Das traf auch auf die Arbeiterklasse in Norwegen zu, die zuletzt zu etwa 40 Prozent für die rechtspopulistische FrP stimmte. In der Schweiz verfügt die SP »über die reichsten und gebildetsten Wähler«,[2] während die Schweizerische Volkspartei als populistische Volkspartei auch die »kleinen Leute« hinter sich gesammelt hat.

René Cuperus, der Parteiintellektuelle der niederländischen Sozialdemokraten, fragte sich jüngst bereits, wann wohl mit »dem Auszug des letzten Arbeiters aus der Arbeiterpartei« zu rechnen sei.[3] Ihm schwante, dass die neuen mittelschichtigen Kader der Sozialdemokratie für die zurückgelassenen Unterschichten nur noch Verachtung besäßen. In die gleiche Richtung geht die Argumentation des norwegischen Publizisten Magnus E. Marsdal, für den sozialdemokratische Parteien mittlerweile die politischen Vertretungen der Ausbildungsmittelklasse sind, welche mit ihrem steten Ruf nach »Bildung«, »Wissensgesellschaft«, »Investitionen in Forschung« komplett an den Bedürfnissen des unteren Drittels vorbeiagieren.[4] In der Tat haben einige Studien zu den skandinavischen Gesellschaften gezeigt, dass die Arbeiterschaft sich unverändert am Wohlfahrtsstaat festklammert, dabei aber

1 Vgl. Bréchon, Pierre 2009, *La France aux urnes. Soixante ans d'histoire électorale. Édition 2009*, Paris: La Documentation française, S. 222; Kempf, Udo 2007, *Das politische System Frankreichs*, 4. Aufl., Wiesbaden: VS Verlag für Sozialwissenschaften, S. 190.

2 Heusser, Simon: »Teile und heile«, in: *Weltwoche* (12. Februar 2004).

3 Cuperus, René 2009, »Keine Macht, keine Moral? Ein niederländischer Kommentar zum SPD-Blues«, in: Engels/Maaß (Hg.), *Im Blick der europäischen Nachbarn*, S. 21-27, hier S. 24.

4 Vgl. Marsdal, Magnus E. 2007, *Frp-koden – Hemmeligheten bak Fremdskriispartiets suksess*, Oslo: Manifest, S. 210 ff.

Interesse allein an guter Gesundheitsversorgung, solider Alltagssicherung und auskömmlicher Pflege geltend macht, von Ausgaben für Kultur oder gar Migration hingegen wenig hält. Letzteres aber ist oft ein Lieblingsprojekt der linksliberalen Parteieliten in der Sozialdemokratie, die – auch in ihrer Passion für Europa – alle Verbindungen zu den sogenannten »couches populaires«, den unteren Volksschichten, gekappt haben.[1] In der englischen »Middle class«, die 1997 noch erwartungsvoll New Labour favorisiert hatte, kommt hinzu, dass dort die Neigung, höhere Steuern für Sozialabgaben zugunsten der marginalisierten Schichten zu bezahlen, in den letzten zehn Jahren spürbar zurückgegangen ist. Zusammen: Die potentiellen Wählerschichten der demokratischen Linken in Europa sind kulturell segmentiert, sozial zerklüftet, politisch dadurch gespalten.

Nicht besser sieht es bei den Mitgliederzahlen der europäischen Sozialdemokratie aus. Historisch bildeten die sozialistischen Formationen innerhalb der verschiedenen Parteifamilien geradezu idealtypisch den Charakter sogenannter Massenintegrationsparteien aus. In Massen aufzutreten und sich zu schlagkräftigen, zentralistischen Organisationen zusammenzutun war wichtig für die politisch bewussten Teile der Unterschichten, um so ihre sozialen Ressourcendefizite als Einzelindividuen auszugleichen und den bürgerlichen Honoratioren in der politischen Auseinandersetzung äquivalent entgegentreten zu können. In dem Maße allerdings, in dem der ambitionierte Teil der klassischen Facharbeiterschaft während der sechziger und siebziger Jahre durch die Bildungsreform sozial aufstieg, verringerte sich die Attraktivität von kollektiven Organisationen, in welche dieser sich einfügen und unterordnen sollte. Damit begann die schleichende Auszehrung der sozialdemokratischen Parteien als mobilisierungsfähige Organisationen der kleinen und kleinsten Leute.

1 Vgl. das Gespräch mit Ernst Hillebrand »Le problème du PS est de rester immobile«, in: *Le Monde* (24. September 2009); siehe hierzu auch Hillebrand, Ernst 2009, »Die Sozialistische Partei Frankreichs nach dem Parteitag von Reims«, online verfügbar unter: (http://library.fes.de/pdf-files/id/ipa/06212.pdf) (Stand: 18. Dezember 2009).

Das Zentrum sozialdemokratischer Organisationsleistungen lag geschichtlich zwischen den zwanziger und siebziger Jahren in Österreich, insbesondere in Wien. Die österreichische Sozialdemokratie verzeichnete in den frühen dreißiger, auch in den späten siebziger Jahren über 700000 Mitglieder. 1932 lebten davon 400000 allein in Wien. Mittlerweile ist die Mitgliederzahl der SPÖ in Österreich auf 300000 zurückgegangen, in Wien sind es nur noch etwa 100000.[1] In den früheren skandinavischen Hochburgen liegen die Dinge ähnlich. Zwischen 1985 und 2003 ist die Mitgliedschaft der norwegischen Arbeiterpartei um gut zwei Drittel, von 174000 auf 51000 geschrumpft.[2] In der dänischen Sozialdemokratie waren in der ersten Hälfte der sechziger Jahre noch über 200000 Bürger organisiert, 2007 meldete die Parteizentrale einen Bestand von 51000.[3] In Schweden musste die SAP zwischen 1991 und 2008 einen Verlust von 160000 Mitgliedern beklagen, ihr gehören aktuell nur noch 100000 Bürger an.[4] In den Niederlanden zählt die PvdA derzeit 56000 Zugehörige.[5] Ende der achtziger Jahre waren es noch 100000. Einen schlimmen Einbruch erlebte ebenfalls und gerade die Labour Party während der

1 Vgl. Holtmann, Everhard 1996, »Die Organisation der Sozialdemokratie in der Ersten Republik, 1918-1934«, in: Maderthaner, Wolfgang/Wolfgang C. Müller (Hg.), *Die Organisation der österreichischen Sozialdemokratie 1889-1995*, Wien: Löcker, S. 93-168, hier S. 159; Müller, Wolfgang C., »Die Organisation der SPÖ, 1945-1995«, in: ebd., S. 195-356, hier S. 332f.; Miljkovic, Marijana 2008, »Ein Ruheloser an den wichtigen Hebeln«, in: *Der Standard* (5. Februar 2008); o.V., »Wieviele Mitglieder haben die österreichischen Parteien jeweils?«, in: *derstandard.at* (31. Oktober 2008), abrufbar unter: (http://derstandard.at/122 4776617579/Wieviele-Mitglieder-haben-die-oesterreichischen-Parteien-jeweils) (Stand: 20. Dezember 2009).

2 Vgl. Heidar, Knut 2007, »Norwegian parties and the party system: Steadfast and Changing«, in: Østerud, Øyvind (Hg.), *Norway in transition. Transforming a stable democracy*. London: Routledge, S. 103-129, hier S. 106.

3 Vgl. Bille, Lars 1997, *Partier i Forandring*, Odense: Universitetsforlag; aktuelle Angaben zur Mitgliederzahl der dänischen Sozialdemokraten sind online verfügbar unter: (http://socialdemokraterne.dk/A-socialdemokraterne-S-kortfortalt-default.aspx?func=article.view&menuAction=selectOpen&menuID=6 88055&topmenuID=688024&id=700974) (Stand: 18. Dezember 2009).

4 Vgl. hierzu u.a. Knutson, Mats 2008, »Partierna går sin död till mötes«, in: *svt.de* (8. Mai 2008), abrufbar unter: (http://svt.se/svt/jsp/Crosslink.jsp?d=58360&a= 1138454&printerfriendly=true) (Stand: 18. Dezember 2009).

5 Vgl. Documentatiecentrum Nederlandse Politieke Partijen (DNPP) 2009,

letzten Dekade. Im Frühling von New Labour, im Jahr 1997, waren 400000 Briten der Partei Tony Blairs angeschlossen; im Herbst von Gordon Brown zählt die Arbeiterpartei nur noch 160000 Mitglieder.[1]

Allerdings trifft der Begriff der Arbeiterpartei längst nicht mehr die soziologischen Realitäten. Der Politologe Paul Whiteley ist in einer empirischen Erhebung Anfang 2008 zu dem Ergebnis gekommen, dass 59,4 Prozent der Labour-Mitglieder zu den Gruppen mit dem höchsten beruflichen Status (»Professionals« und »Managers«) gehören, während nur 13 Prozent der Parteiangehörigen den Berufsgruppen »Skilled manual workers« oder »Semi or unskilled manual workers« zuzurechnen sind.[2] Studien aus Frankreich bestätigen diesen Befund. Nur fünf Prozent der Mitglieder in der Parti Socialiste (PS) lassen sich der Arbeiterschaft zurechnen; in der französischen Gesellschaft insgesamt liegt der Arbeiteranteil bei 27,8 Prozent. Hingegen verfügen 66 Prozent der PS-Mitglieder über die Hochschulreife, national liegt der Schnitt bei lediglich 29 Prozent. Typisch für die gewandelte Sozialstruktur der Sozialdemokratie ist gewiss auch, dass 59 Prozent der französischen Sozialisten im öffentlichen Sektor arbeiten, während dies insgesamt nicht einmal jeder dritte Franzose tut.[3]

Die europäischen Sozialdemokratien sind Parteien des öffentlichen Dienstes geworden. Kaum noch jemand aus den Parteieliten entstammt unmittelbar der Arbeiterschaft. Der Norweger Marsdal spricht in Bezug auf die führenden Sozialdemokraten seines Landes gar von einem »sozialdemokratischen Staatsadel«, der sich durch Netzwerke und Patronage gezielt die Karriere-

»PvdA – ledentallen«, online verfügbar unter: (www.rug.nl/dnpp/politiekePar tijen/pvda/documentaireInformatie/pvda-lt) (Stand: 18. Dezember 2009).

1 Vgl. Seyd, Patrick 1998, »Tony Blair and New Labour«, in: King, Anthony (Hg.), *New Labour Triumphs: Britain at the Polls*, Chatham: Chatham House Publishers, S. 66; Meyer, Henning 2009, »Großbritannien zwischen globaler Wirtschaftskrise und New Labour 2.0«, S. 12, online verfügbar unter: (http://libra ry.fes.de/pdf-files/id/ipa/06139.pdf) (Stand: 18. Dezember 2009).

2 Vgl. Whitely, Paul 2009, »Where have all the members gone? The dynamics of party membership in Britain«, in: *Parliamentary Affairs* 62/H. 2, S. 242-257.

3 Vgl. Ruffin, François 2008, *La guerre des classes*, Paris: Fayard, S. 220.

wege sichere und politisch zunehmend seine eigenen, elitären Interessen vertrete.[1] Dieses Urteil mag überzogen sein. Insgesamt aber ist die Tendenz zur zunehmenden Akademisierung und Vermittelschichtung gerade des Mittelbaus und der Führungspersonen innerhalb der sozialdemokratischen Parteien seit den siebziger Jahren schwer zu leugnen.[2] Zugleich sind diese Parteien mit den Gewinnern der Tertiärisierung und Bildungsexpansion gealtert. Sozialdemokratische Parteien werden 2009/2010 generell von den über 60-Jährigen dominiert. Auch in den Jugendverbänden sind die Rekrutierungsprobleme evident. Selbst die früher starke Jugendorganisation der schwedischen Sozialdemokratie ist mittlerweile ausgedünnt, zieht weniger Interesse auf sich als die Nachwuchssektionen der Konservativen und der Piratenpartei.

Natürlich haben alle sozialdemokratischen Parteien versucht, dem Mitgliederschwund durch Organisationsreformen und Werbekampagnen entgegenzuwirken. Besonders erfolgreich waren sie damit nicht. Zuletzt versuchten es die französischen Sozialisten mit einer etwas spektakuläreren Aktion. Im März 2006 starteten sie das Unternehmen »Mitgliedschaft für 20 Euro«. Tatsächlich ließen sich durch diesen niedrigen Spezialpreis binnen weniger Monate 75 000 neue Mitglieder gewinnen. Da die Billigmitgliedschaft allerdings nur für zwölf Monate galt, setzten sich nach Ablauf des Probejahres sogleich zwei Drittel der neuen Mitglieder wieder ab.[3] Überhaupt zeigte sich die Sozialistische Partei in Frankreich zuletzt reformfreudig, weil dort die Not durch eine schon über Jahre anhaltende Machtlosigkeit und tiefe innere Fragmentierung in Clans und Cliquen innerhalb der

1 Marsdal, *Frp-koden*, S. 81 ff.
2 Für Österreich auch: Leser, Norbert 2008, *Sturz des Adlers. 120 Jahre österreichische Sozialdemokratie*, Wien: Kremayr & Scheriau, S. 188 ff.
3 Vgl. Rotman, Charlotte 2009, »PS: les chefs s'écharpent, les militants s'échappent«, in: *Libération* (23. November 2009); vgl. auch das Gespräch mit dem Politikwissenschaftler Rémi Lefebvre »Un fonctionnement en vase clos«, in: *Le Monde* (27. August 2009), und die dazugehörige Grafik zur Mitgliederentwicklung der PS; ausführlicher auch Lefebvre, Rémi/Thomas Décary 2009, »Les militants ›à vingt euros‹. Les conditions socio-politiques d'un impossible engagement«, in: *Recherche socialiste* H. 46-47/2009.

europäischen Sozialdemokratie wohl am stärksten ausgeprägt ist.[1] Anfangs war die Vorsitzende der PS, Martine Aubry, noch zögerlich, seit Mitte 2009 aber setzte sie sich selbst an die Spitze der innerparteilichen Erneuerungsbewegung.[2] Auf der Sommeruniversität der PS verkündete sie die »totale Erneuerung«.[3] Eine erste und entscheidende Station in diesem Erneuerungsprozess sollte das Mitgliederreferendum am 1. Oktober 2009 werden. Die Mitglieder hatten darüber zu entscheiden, ob der künftige Präsidentschaftskandidat der PS durch Vorwahlen nominiert werden soll, an denen auch Sympathisanten teilnehmen dürften, oder weiter nach dem traditionellen Delegiertensystem. Des Weiteren ging es um zusätzliche innerparteiliche Partizipationsmöglichkeiten, auch um die Einschränkung der Ämterhäufung.[4] Rund 70 Prozent der Abstimmenden sprachen sich für die innerparteiliche Reform aus, also auch für das Basisplebiszit über Spitzenkandidaturen.[5] Indes: Nur 46 Prozent der PS-Mitglieder nahmen an diesem Referendum teil, was denn doch einigen Aufschluss

1 Vgl. hierzu o.V., »Martine Aubrys Gegner wetzen die Messer«, in: *Neue Zürcher Zeitung* (23. Juli 2009).

2 Vgl. Revol, Michel 2009, »Comment Martine Aubry est redevenue la patronne«, in: *Le Point* (3. September 2009); vgl. auch Normand, Jean-Michel 2009, »Ségolène Royal somme Martine Aubry de laver ›l'honneur du Parti socialiste‹«, in: *Le Monde* (17. September 2009); Noblecourt, Michel 2009, »PS: la rénovation comme instrument de la refondation«, in: *Le Monde* (29. September 2009); Normand, Jean-Michel 2009, »Le réveil du PS«, in: *Le Monde* (2. Dezember 2009).

3 Zit nach Normand, Jean-Michel 2009, »Martine Aubry promet aux militants du Parti socialiste ›la rénovation totale‹«, in: *Le Monde* (30. August 2009).

4 Vgl. Gurrey, Béatrice 2009, »Cumulards et fiers de l'être«, in: *Le Monde* (2. Oktober 2009); auch: Juillard, Jacques 2009, »Des primaires, oui, mais des vraies!«, in: *Le Nouvel Observateur* (3. September 2009). Daneben ist die PS dabei, ein eigenes »Social Network« zu konstituieren. »LaCooPol« soll ein »sozialistisches Facebook« werden. Vgl. hierzu Gros de Larquier, Ségolène 2009, »Avec LaCooPol, le Parti socialiste lance son réseau social«, in: *lepoint.fr* (16. Oktober 2009), abrufbar unter: (www.lepoint.fr/actualites-politique/2009-10-16/internet-avec-lacoopol-le-parti-socialiste-lance-son-reseau-social/917/0/386452) (Stand: 19. Dezember 2009); Jaxel-Truer, Pierre 2009, »Le ›Web 2.0‹, nouvelle arme des politiques«, in: *Le Monde* (29. Oktober 2009).

5 Das Ergebnis der Mitgliederbefragung ist abrufbar auf der Homepage der PS unter: (http://actus.parti-socialiste.fr/2009/10/02/les-resultats-de-la-consultation/) (Stand: 19. Dezember 2009); vgl. dazu auch Normand, Jean-Michel 2009, »Un adhérent sur deux mobilisé pour rénover le PS«, in: *Le Monde* (3. Oktober 2009).

gibt über den innerparteilichen Zustand, über das Desinteresse der Mitglieder. Es mag auch sein, dass die meisten von ihnen nicht mehr so recht an die Erneuerung ihrer Partei glauben. Vor fünf Jahren jedenfalls sah es mit dem Mitgliederengagement in einer anderen Frage noch besser aus: Im Dezember 2004 nahmen immerhin 83 Prozent der französischen Sozialisten an einer Mitgliederbefragung über den europäischen Verfassungsvertrag teil.

Der Ruf nach Vorwahlen war auch keineswegs neu oder gar originell. Im Grunde ertönt er in fast allen sozialdemokratischen Parteien in zyklischer Regelmäßigkeit. Nach bitteren Wahlniederlagen, in Zeiten tiefer Depression, wenn Wunden geleckt und Fehleranalysen betrieben werden, schlägt stets die Stunde der rhetorischen Parteireformer. Und seit 25 bis 30 Jahren werden die immer gleichen Rezepte, besser: Schlagworte, feilgeboten: Partizipation, mehr innerparteiliche Debatten, Vorwahlen, offene Listen, mehr Raum für Quereinsteiger. In der Regel verschaffen sich die Anwärter auf Führungspositionen damit die Legitimation, um die alten, beschädigten Parteieliten ersetzen zu können. Danach endet der Reformimpetus meist, sei es, weil die neuen Eliten an mehr Debatten und größerer Transparenz selbst auch wenig Interesse haben, sei es, weil der Mittelbau und die Mitgliederbasis keineswegs die neuen Möglichkeiten so freudig nutzen, wie man ursprünglich vorausgesetzt und erwartet hatte. Schon früh machte sich etwa die durch Haider stark irritierte und dezimierte SPÖ an organisatorische Veränderungen. Seit 1993 ließ sie Vorwahlen zu, die allerdings nur ein einziges Mal, im Jahr 1994, und ohne große Folgen zur Durchführung kamen. Zugleich richtete die SPÖ eigene »Themeninitiativen« ein, um Alternativen zur konventionellen Ortsvereinsstruktur auch für Nichtmitglieder offerieren zu können. Aber weder Mitglieder noch Nichtmitglieder fanden Gefallen an dieser komplementären Ergänzung zur Parteiroutine. Gerade die primären Aktivisten in der Sozialdemokratie betrachteten die Öffnungsabsichten ihrer Parteiführungen eher mit Misstrauen.[1] Sie empfanden diese

---

1 Vgl. Müller, Wolfgang C./Fritz Plasser/Peter A. Ulram 1999, »Schwäche als Vor-

Initiativen nicht als Ausdruck willkommener Modernität und wachsender Beteiligungschancen, sondern vielmehr als Angriff auf die von ihnen oft über Jahrzehnte praktizierte Verbindlichkeit des förmlich gesicherten politischen Engagements.

Der Argwohn der Aktivisten gegen eine plebiszitäre Entstrukturierung der Delegierten- und Funktionärsdemokratie entsprang nicht nur dem engen Konservatismus eines binnenzentrierten Parteiapparats. Tatsächlich hatten die Labour-Reformer um Tony Blair exerziert, wie man mit Hilfe direktdemokratischer Schübe die klassischen Aktivisten der mittleren Ebene ausspielen und vom Feld drängen konnte, um danach – ohne durch die früheren Parteiaktiven gestört zu werden – einen rigiden Top-down-Führungsstil zu praktizieren. Dieser Führungsstil wurde bezeichnenderweise zum Signum aller modernen sozialdemokratischen Parteien auf ihren Dritten Wegen, eben bei Labour in Großbritannien, bei Schröder in Deutschland, auch bei Persson in Schweden. Dort verkam die Debattenkultur in diesen Jahren, Parteitage mutierten zu oft geradezu würdelosen Akklamationsinszenierungen für die Partei- und Regierungsführungen. Zur Begründung für diese Entwicklung führte man von Oslo bis Madrid stets den Verweis auf die Mediengesellschaft an, in der innerparteiliche Diskussionen als Zerstrittenheit einer im Inneren gespaltenen Partei negativ gewertet würden. Und: Durch das von den Medien vorgegebene Tempo seien Parteiführungen nun einmal ebenfalls zu schnellen Reaktionen gezwungen, über die top-down und rasch entschieden werden müsste, was lange Aussprachen ausschließe.[1] Mithin: Das alles trug dazu bei, dass aus den früheren breiten Mitglieder- und Funktionärsparteien der demokratischen Linken Formationen professionalisierter Politikausüber wurden.[2]

Doch am Ende aller Professionalisierung standen eben keine

teil, Stärke als Nachteil. Die Reaktion der Parteien auf den Rückgang der Wählerbindungen in Österreich«, in: Mair, Peter/Wolfgang C. Müller/Fritz Plasser (Hg.), *Parteien auf komplexen Wählermärkten. Reaktionsstrategien politischer Parteien in Westeuropa*, Wien: Signum-Verlag, S. 201-246, hier S. 215 ff.

1 Vgl. Whitely, Paul 2009, »Where have all the members gone?«.

2 Vgl. auch Cuperus, René 2008, »Wie die europäische Sozialdemokratie ihre

Erfolge der Sozialdemokratie, sondern ihre programmatische Aushöhlung und ihr elektoraler Verfall. Und allmählich dämmerte auch den selbsternannten Pragmatikern, dass die ideelle Degeneration Ursache für Mobilisierungsdefizite war, dadurch den Wählerrückgang bewirkte, was schließlich den Verlust der Macht zur Folge hatte. Insofern erschallt seit einigen Jahren in der europäischen Sozialdemokratie der Ruf nach einer »neuen Vision«, nach einem »nouveau modèle«, nach einer neuen »roadmap«.[1] Alle ahnen, dass die früheren Parolen nicht mehr ausreichen, dass in der Tat etwas Neues kommen muss. Aber niemand weiß so recht, was. Besonders deutlich jedenfalls sind die Umrisse des viel reklamierten Projekts einer demokratischen Linken in Europa nicht. Losungen wie »präventiver Staat«, »ökologischer Sozialismus«, »vorsorgender Sozialstaat« schwirren durch die Debatten und Beiträge, bleiben aber blass und haben offenkundig bislang weder Mitglieder noch Wähler elektrisiert. Etwas ratlos, dabei gewiss nicht falsch konstatierte der französische Sozialist und Abgeordnete Christian Paul: »Offensichtlich stockt der Erzählstrang für die Sozialisten.«[2] Sein Landsmann Rémi Lefebvre, Politikprofessor in Reims, sekundierte: »Man weiß nicht

Wunden leckt«, in: *Neue Gesellschaft/Frankfurter Hefte* H. 11/2008, S. 28. Cuperus spricht von »elitären Kaderparteien«.

1 Für Schweden: Heelgren, Anna 2009, »Oppositionsdepression«, in: *Arena online* (25. August 2009), abrufbar unter: (www.tidskriftenarena.se/text/2009/08/oppositionsdepression) (Stand: 19. Dezember 2009); Lundberg, Jens/Daniel Suhonen (Hg.) 2009, *Snart gar vi utan er. Brevet till socialdemokraterna*, Stockholm: Leopard; für die Schweiz: o.V., »Die SP pflegt wieder das Visionäre«, in: *Neue Zürcher Zeitung* (30. August 2008); für Großbritannien: MacShane, Denis 2009, »Die Krise der demokratischen Linken in Europa«, online verfügbar unter: (http://library.fes.de/pdf-files/bueros/london/05374.pdf) (Stand: 19. Dezember 2009); für Frankreich: Burbage, Frank 2009, »Quel socialisme pour demain?«, online verfügbar unter: (http://laboratoiredesidees.parti-socialiste.fr/index.php/2009/10/frank-burbage-quel-socialisme-pour-demain) (Stand: 19. Dezember 2009); vgl. auch das Gespräch mit dem ehemaligen Vorsitzenden der PS, François Hollande, »J'ai beaucoup sacrifié à l'unité, peut-être trop«, in: *Le Monde* (1. November 2009); für Polen: vgl. das Gespräch mit dem Warschauer Politikprofessor Janusz Reykowski »Lewica w wielkim kryzysie«, in: *Gazeta Wyborcza* (25. Januar 2008).

2 Zit. nach Normand, Jean-Michel 2009, »Le Parti socialiste en séminaire pour jeter les bases d'›un projet de société‹«, in: *Le Monde* (8. Juli 2009).

mehr, wofür die PS steht, wen sie verteidigt und wer ihre Gegner sind.«[1] Dabei hatte gerade die Führung der französischen Sozialisten eigens ein Diskussionsforum, das »Laboratoire des idées« (Ideen-Laboratorium), begründet, um inhaltlich zu regenerieren. Man wollte dazu mit dieser Plattform die zuletzt immer höheren Mauern zwischen den Sozialisten und den Intellektuellen des Landes abtragen.[2] Doch ging man 2009 von Zeit zu Zeit auf die Homepage des Ideen-Laboratoriums, so stieß man auf denkbar karge Debatten, auf eine geringe Diskursintensität.[3]

Interessanter sind einige Diskussionen in den Thinktanks rings um die britische Labour Party. Die Chefideologen der »Compass group«, insbesondere der linke Abgeordnete Jon Cruddas, haben mit ihren Überlegungen offenkundig auch die Positionen der neuen SPD-Spitze, also von Sigmar Gabriel und Andrea Nahles, beeinflusst. Cruddas empfiehlt der Linken, die politische Mentalität der Mitte nicht zu spiegeln, um dort Mehrheiten zu bekommen, sondern die Einstellungen hier nach den Maßstäben der sozialen Demokratie zu verändern und neu zu prägen. Ebendas war der Haupttenor von Gabriel bei seiner Antrittsrede auf dem SPD-Bundesparteitag in Dresden Mitte November 2009. Und Andrea Nahles hat früh den Slogan der Compass group von der »Good society« aufgenommen und den eigenen Überlegungen einverleibt.[4]

In die Defensive geraten ist dagegen der Begriff der »Progressivität«, welcher in den Zeiten des Dritten Weges oft im Zentrum der

1 Vgl. das Gespräch mit Rémi Lefebvre »Un fonctionnement en vase clos«, in: *Le Monde* (27. August 2009).

2 Vgl. Normand, Jean-Michel 2009, »Le Parti socialiste met en place un ›Laboratoire des idées‹«, in: *Le Monde* (14. April 2009); Désir, Harlem 2009, »Et si on commençait par des primaires du projet«, in: *Le Monde* (27. Juni 2009); Normand, Jean-Michel 2009, »Le Parti socialiste en séminaire pour jeter les bases d'›un projet de société‹«, in: *Le Monde* (8. Juli 2009).

3 Die Homepage ist abrufbar unter: (http://laboratoiredesidees.parti-socialis te.fr/) (Stand: 19. Dezember 2009).

4 Vgl. auch Cruddas, Jon/Andrea Nahles 2009, »Die gute Gesellschaft. Das Projekt der Demokratischen Linken«, online verfügbar unter: (www.feslondon. org.uk/fileadmin/downloads/Gute_Gesellschaft15.pdf) (Stand: 21. Dezember 2009). Zur Debatte um die »Good society« vgl. auch www.social-europe.eu/ category/good-society-debate (Stand: 19. Dezember 2009).

»Reform«-Sozialdemokraten stand, in Deutschland auch und noch immer im Umfeld der sogenannten »Netzwerker« in der SPD-Bundestagsfraktion zirkuliert.[1] Selbst im Thinktank »Policy Network«, das Tony Blair und Peter Mandelson beriet, fällt inzwischen die Kritik am früheren Progressivismus denkbar scharf aus. Mit der Affirmation der Progressivität sei zugleich der Topos von der »Alternativlosigkeit« in die sozialdemokratische Rhetorik hineingerutscht.[2] Für die Progressiven war jeder Wandel unbedingt richtig und fortan verbindlicher Orientierungspunkt des politischen Handelns. »Fortschritt« bedeutete für sie letztlich nur die Einsicht in die gesellschaftliche Notwendigkeit, die man positiv und optimistisch zu bejahen und nicht durch das Eigengewicht von Werten und Zielen einer autonomen Weltanschauungsgemeinschaft zu relativieren oder gar zu konterkarieren hatte. Progressive gerierten sich – ob als fortschrittsgläubige keynesianische Planer oder wettbewerbsdogmatische Globalisierer – stets als Deterministen, doch irrten sie mit ihren futuristischen Prognosen regelmäßig und schwer, entwerteten damit zugleich den inneren Ethos der linken Parteien.

Vor allem hatte die progressive Sozialtechnokratie den Sozialdemokraten die originäre Sprache genommen, was – so der norwegische Journalist Marsdal – zu einer »Deartikulierung der Klasse«[3] geführt habe. Sein französischer Kollege François Ruffin spricht in Bezug auf die Stellungnahmen der neuen Sozialdemokratie von einer Semantik, »die durch eine Software programmiert zu sein scheint«.[4] Die früheren Kategorien zur Analyse gesellschaftlicher Verhältnisse – der Begriff der Klasse, des Kapi-

1 Siehe hier vor allem den Thinktank »Das Progressive Zentrum« in Berlin. Informationen dazu sind online verfügbar unter: (www.progressives-zentrum. org/) (Stand: 19. Dezember 2009); vgl. auch Das Progressive Zentrum (Hg.) 2009, *Fortschritt jetzt! Ein Handbuch progressiver Ideen für unsere Zeit*, online verfügbar unter: (www.hertie-school.org/binaries/addon/1474_german.pdf) (Stand: 19. Dezember 2009).
2 Vgl. Marquand, David 2009, »After progress«, in: Liddle, Roger/Patrick Diamond (Hg.), *Beyond New Labour. The Future of Social Democracy in Britain*, London: Politicos, S. 3-16.
3 Marsdal, *Frp-koden*, S. 284.
4 Ruffin, *La guerre des classes*, S. 105.

tals, des Konflikts, der sozialen Interessen, der Machtverhältnisse – würden kaum noch benutzt. Stattdessen rede man in der Sprache des früheren Gegners, dadurch denke man auch in dessen Geiste – und handle in der Regierung wie er.[1] Durch den Verlust des eigenen Vokabulars und der eigenen Deutungsgrammatik seit den achtziger und neunziger Jahren gewannen schließlich ethnische, nationalistische, religiöse Deutungen primär sozialer Auseinandersetzungen erheblich an gesellschaftlichem Einfluss. Als – wie es seit Ende 2008 oft hieß – die sozialdemokratischen Themen zurückkehrten, besaßen die realen sozialdemokratischen Parteien keine Äußerungsformen mehr, um sich dazu kongenial und glaubwürdig zu artikulieren. Der programmatische, personelle, organisatorische und sprachliche Anpassungsprozess an die geistige Hegemonie des Neuliberalismus war seit den achtziger Jahren zu weit fortgeschritten.[2]

Zumal: Eine kraftvolle Programmatik und eine farbige, eigenwillige Sprache entstehen wohl nur in Gemeinschaften, die von ihrer Sache beseelt sind, sich dabei in harten Auseinandersetzungen behaupten müssen und ein klares Ziel vor Augen haben. Das traf auf die Sozialdemokratie im letzten Vierteljahrhundert nicht mehr zu. Sie befand sich in vielen Ländern eingezwängt zwischen aggressiven Rechtspopulisten hier, zunehmend selbstbewussteren Linkssozialisten dort. Dann machte ihr noch die Konkurrenz neuliberaler Nebenbuhler um die Gunst der neuen Mitte, ökologischer Bewegungen um den Primat in den postmaterialistischen Lebenswelten, schließlich der Christdemokraten um die Stimmen der kleinen Leute aus den Traditionsmilieus zu schaffen. Die Sozialdemokraten, die sich historisch lange als Avantgarde begriffen hatten, waren dadurch mehr und mehr Getriebene als noch treibende Kraft.[3] Sie sandten Signale nach allen Seiten, um ihre Verluste bei Wahlen zu begrenzen – und wurden

1 Dies gilt auch für die Sozialdemokraten Mittelosteuropas. Vgl. Żakowski, Jacek 2008, »Lewica czy martwica«, in: *Polityka* H. 9/2008.
2 Vgl. hierzu auch Cruddas, Jon/Jonathan Rutherford (Hg.) 2009, *The Crash – A view from the left*, London: Soundings; Lavelle, *The Death of Social Democracy*, S. 14.
3 Für Schweden vgl. o.V., »Rörelse utan rörelse«, in: *DN.se* (4. Juli 2009), abrufbar

dadurch in ihren Aussagen so unscharf, dass die befürchteten Einbrüche erst recht eintraten, links wie rechts, bei Traditionalisten wie Modernen, bei Gewerkschaftern wie bei Entrepreneurs.[1] Die Integration aus der Unentschiedenheit heraus gelang nicht – und konnte nicht gelingen.

Was innerhalb der Partei nicht zu integrieren ist, muss man dann über Allianzen gewiss nicht weniger mühevoll von Fall zu Fall politisch verknüpfen. Die Fähigkeit zum Bündnis wird auch in mittlerer Frist eine entscheidende Voraussetzung für die Mehrheitsbildung und den Machterwerb der europäischen Linken sein. Kaum aber etwas ist schwieriger, als Gruppen zusammenzubringen und zusammenzuhalten, die im Ursprung alle einer Familie entstammen, sich im Zorn getrennt, dann mit Hass bekämpft, gegenseitig beschädigt, erst nach einer Zeit der erschöpfungsbedingten Besinnung auf die Suche nach argwöhnischer Annäherung begeben haben und auch dann nicht vom Verlangen nach Abgrenzung und Identitätssicherung lassen können. All die Schwierigkeiten, die daraus resultieren, lassen sich schon seit Jahren bei der italienischen Linken beobachten, die sich nach der Implosion des alten Parteiensystems 2007 zur Partito Democratico zusammenraufen musste, aber durch Spaltungen, innere Kontroversen, Grüppchenbildung belastet blieb.[2] Zusammengehalten wurde und wird die Demokratische Partei allein durch den großen, gefürchteten und verabscheuten Feind: Silvio Berlusconi. Doch haben sich im Frühjahr 2009 einige linke Intellektuelle der Bürgerpartei Italia dei valori (Italien der Werte) ange-

---

unter: (www.dn.se/opinion/huvudledare/rorelse-utan-rorelse-1.904780) (Stand: 19. Dezember 2009).

1 Vgl. etwa auch Dijksma-Commissie 2009, »Brief aan de leden van de Partij van de Arbeid« (2. Juli 2009), online verfügbar unter: (www.pvda.nl/binaries/content/assets/pvda/Publicaties/2009/07/PvdA_Werkgroep+Dijksma_Brief+aan+de+leden+over+uitslag+verkiezingen+EP.htm/PvdA_Werkgroep+Dijksma_Brief+aan+de+leden+over+uitslag+verkiezingen+EP.htm) (Stand: 19. Dezember 2009).

2 Vgl. Zuccolini, Roberto 2009, »Franceschini, l'ok dei dalemiani«, in: *Corriere della Sera*, (24. Februar 2009); Vitale, Giovanna 2007, »Pd verso le primarie d'ottobre Margherita divisa su Zingaretti«, in: *La Repubblica* (8. September 2007); dies. 2008, »Pd, sfida a due per la segreteria«, in: *La Repubblica* (20. November 2008).

schlossen, weil bei der »sterbenskranken« Partito Democratico »kein Butterbrot mehr zu gewinnen« war.[1]

Heterogen und fragmentiert ist die Linke traditionell auch in Frankreich. Immerhin haben die unzähligen eifrigen Versuche, die einzelnen Fraktionen und Flügel zusammenzuführen, die Phantasie ihrer Initiatoren stimuliert und zu den kreativsten Organisations- und Begriffsschöpfungen beigetragen. Die französische Linke bastelt unaufhörlich an »rassemblements«, »projets« und »comités de liaison unitaire«, um die »gauche plurielle« in »laboratoires« der Kooperation mindestens zu einem »mouvement unitaire progressiste« zu einen. Aber das immerwährende, leider nie erreichte Ziel ist natürlich die »maison commune de la gauche«. Man wird gespannt sein dürfen, ob sich Trotzkisten, Linkssozialisten, Linksnationalisten, Altkommunisten, Neokommunisten, Sozialdemokraten und Grüne auf einen gemeinsamen Kandidaten für die Präsidentschaftswahl 2012 werden einigen können.

Auf eine Geschichte der Abspaltungen, aber auch auf die Erfahrung erfolgreicher Reintegration kann die niederländische sozialdemokratische Linke zurückblicken. Das wird derzeit in Amsterdam und Den Haag auch mit emsigem Ernst getan, denn um die PvdA steht es – wie oben beschrieben – schlecht. Zuletzt erinnerte die Staatssekretärin für Soziales und Beschäftigung, Jetta Klijnsma, an den innerparteilichen Zusammenschluss Neue Linke, der in der PvdA 1965 entstanden war.[2] Die Neue Linke wollte die eigene Partei stärker in die linke Richtung drücken, überdies auch die Zusammenarbeit mit den kleineren linkssozialistischen und pazifistischen Gruppierungen forcieren.[3] Damit

1 Schümer, Dirk 2009, »Letztes Geflecht«, in: *Frankfurter Allgemeine Zeitung* (4. Juni 2009).

2 Vgl. das Gespräch mit Jetta Klijnsma »Durven nadenken over nieuwe coalities«, in: *Algemeen Dagblad* (9. Dezember 2009).

3 Vgl. Praag, Philip van, 1991, *Strategie en Illusie. Elf jaar intern debat in de PvdA (1966-1977)*, Amsterdam: Het Spinhuis, S. 96 ff.; Hajema, Luuk 2001, *De glazenwassers van het bestuur. Lokale overheid, massamedia, burgers en communicatie. Groningen in landelijk perspectief 1945-2001*, Groningen: Koninklijke Van Gorcum, S. 65.

provozierte sie zwar eine Abspaltung des rechten Flügels, aber die Einheitsfront der Linken, welche 1977 mit einem gemeinsamen programmatischen Fundus in den Wahlkampf zog, bescherte der niederländischen Sozialdemokratie das historisch beste Ergebnis bei Parlamentswahlen. Insofern mehrten sich Ende 2009 in der PvdA die Stimmen, die für eine Zusammenarbeit der Sozialdemokraten mit den Linkssozialisten des Jan Marijnissen plädierten.

In eine ähnliche Richtung, doch weit kraftvoller und zielstrebiger verläuft die Entwicklung seit einiger Zeit bereits in den skandinavischen Ländern. Ganz und gar unorthodox ging es in den neunziger Jahren in Finnland zu, da hier ein Kabinett aus Sozialdemokraten, Linkssozialisten, Grünen und Konservativen das Land regierte – eine bislang singulär gebliebene Regenbogenkoalition. In den übrigen skandinavischen Ländern sträubte sich die machtverwöhnte Sozialdemokratie, die sich als Mutter der Arbeiterbewegung begriff, lange dagegen, mit Linkssozialisten gleichberechtigte Verhandlungen zu führen. Das änderte sich, als die über Jahrzehnte selbstverständliche sozialdemokratische Vorherrschaft in den nordeuropäischen Wohlfahrtsstaaten zu Ende ging. Die Ouvertüre fand in Norwegen statt, wo Sozialdemokraten, Sozialistische Linkspartei und grüne Zentrumspartei 2005 explizit als Bündnispartner in den Wahlkampf zogen und dann auch das Kabinett bildeten.[1] Vier Jahre später wurde die Regierung des sozialdemokratischen Ministerpräsidenten Jens Stoltenberg immerhin bestätigt; die Sozialdemokraten konnten ihren Anteil sogar leicht erhöhen und legten um 2,7 Prozent zu.[2] Dafür mussten die Linkssozialisten, deren Parteichefin Kristin Halvorsen als Finanzministerin amtierte, ordentlich Federn lassen. Bündnispolitisches Selbstbewusstsein auch nach links muss mithin nicht auf Kosten der Sozialdemokratie gehen.

1 Vgl. Heidar, »Norwegian parties and the party system«, S. 118 f. und 125 f. Vgl. auch www.nrk.no/nyheter/innenriks/valg/valg_2009/valghistorie/1.6666810 (Stand: 21. Dezember 2009).

2 Vgl. www.regjeringen.no/krd/html/valg2009/bs5.html (Stand: 16. Dezember 2009).

Diese Schlussfolgerung schienen auch die Sozialdemokraten in Dänemark gezogen zu haben. Ihr favorisierter Partner war bis Ende 2006 die linksliberale Radikale Venstre, mit der Sozialistischen Volkspartei gab es dagegen kaum Gespräche. 2007 änderte sich das gründlich. Die Spitzenvertreter der beiden linken Parteien kamen zu mehreren Treffen hinter verschlossenen Türen zusammen und arbeiteten gemeinsame Papiere aus. Nun blieben die Linksliberalen außen vor.[1] Ende 2007 legten sich die Linkssozialisten auf die Unterstützung der Parteichefin der Sozialdemokraten, Helle Thorning-Schmidt, als Kandidatin für das Ministerpräsidentenamt bei den Wahlen 2011 fest.[2] Zusammen mit Thorning-Schmidt präsentierte der Parteivorsitzende der Linkssozialisten, Villy Søvndal, im Sommer 2008 öffentlich die konsensual formulierten Plattformen, vor allem zur Steuerpolitik, unter dem Titel *Fair Forandring* (Faire Veränderung).[3] Bis Ende 2009 zogen die Linkssozialisten den größten Nutzen aus dem Bündnis in der Opposition. Ihre Umfragewerte stiegen stetig an, die Mitgliederzahlen ebenfalls, während die Sozialdemokraten nicht recht von der Stelle kamen.[4]

Die schwedische Sozialdemokratie zeigte sich am längsten reserviert gegenüber der kleinen linkssozialistischen Schwester. Als Regierungspartei war sie nicht bereit, der Linkspartei Kabinettsposten einzuräumen. Sie ging, mit Recht, davon aus, dass die Linkssozialisten letztendlich eine sozialdemokratische Minderheitsregierung doch tolerieren statt ein bürgerliches Kabinett zulassen würden.[5] Auch im Wahlkampf 2006 weigerte sich die

---

1 Vgl. Hüttemeier, Christian/Mikael Børsting 2009, »Historien om et arrangeret ægteskab«, in: *Politiken* (30. August 2009).

2 Vgl. Christensen, Gerda 2008, *Villys Verden*, Kopenhagen: Sohn, S. 251.

3 Vgl. Cordsen, Christine 2009, »En dag, som ændrer dansk politik«, in: *Politiken* (29. August 2009).

4 Vgl. o.V., »Helle får smæk i første måling siden S-SF«, in: *Information.dk* (3. September 2009), abrufbar unter: (www.information.dk/telegram/202559) (Stand: 19. Dezember 2009).

5 Vgl. Steffen, Christian 2006, »Die Parteiensysteme Dänemarks, Norwegens und Schwedens«, in: Haas, Melanie/Oskar Niedermayer/Richard Stöss (Hg.), *Die Parteiensysteme Westeuropas*, Wiesbaden: VS Verlag für Sozialwissenschaften, S. 67-108, hier S. 93 f.

SAP, der Linkspartei irgendwelche bündnispolitischen Konzessionen zu machen. Dagegen hatten die bürgerlichen Konkurrenten aus den negativen Folgen ihrer jahrzehntelangen Uneinigkeit gelernt. Sie gewannen im politischen Schulterschluss die Reichstagswahlen und hielten auch danach in bemerkenswerter Stabilität zusammen.[1] Die Blockbildung der einen förderte dann die Blockbildung der anderen. 2009 einigten sich Sozialdemokraten, Linkspartei und Grüne auf eine Plattform für eine gemeinsame Regierung.[2] Am stärksten befürwortete der Gewerkschaftsflügel in der SAP die Fraternisierung mit der sozialistischen Linken.[3] Die Parteiführung um Mona Sahlin zeigte sich davon weniger begeistert, nutzte aber die neue Konstellation, um in einigen politischen Fragen stärker auf die Wählergruppe im Zwischenfeld von Sozialdemokratie und konservativen Moderaten (Moderata samlingspartiet) einzugehen.[4] Die koalitionspolitische Besetzung der linken Flanke in der gesellschaftlichen Topographie bietet derzeit dem Parteizentrum zusätzlichen Spielraum auf der anderen Seite des sozialen und politischen Spektrums.

Insofern: Es gibt in der europäischen Sozialdemokratie nicht nur Stagnation; es gibt auch Bewegung. Und vieles von dem, was die Sozialdemokratie plagt, macht den konservativ-christdemokratischen Parteien, auch den Liberalen und Grünen nicht minder zu schaffen: die weit abgesunkene Bereitschaft des Gros der Bür-

---

1 Vgl. hierzu die Ausführungen zur bürgerlichen »Allianz für Schweden« von Jochem, »Die Reichstagswahl 2006«, S. 11, und Pfeil, »Regierungswechsel in der Hochburg der Sozialdemokratie«, S. 769 f.

2 Die gemeinsame Wahlplattform und die programmatischen Positionen sind online verfügbar unter: (www.rodgron.se/overenskommelser/) (Stand: 19. Dezember 2009).

3 Zu den anfänglichen Schwierigkeiten und der Fehlanalyse Mona Sahlins bezüglich der Inklusion der Linkspartei vgl. Brors, Henrik 2008, »S-ledaren gjorde en total felbedömning«, in: DN.se (11. Oktober 2008), abrufbar unter: (www.dn.se/nyheter/politik/s-ledaren-gjorde-en-total-felbedomning-1.554656) (Stand: 19. Dezember 2009).

4 Vgl. Isaksson, Christer 2008, I väntan på Mona Sahlin, Stockholm: Prisma, S. 397. Vgl. zum Kampf um die politische Mitte in Schweden die Analyse von Brors, Henrik 2009, »Hård kamp om mittfältet ett år före valet«, in: DN.se (19. September 2009), abrufbar unter: (www.dn.se/nyheter/politik/2.1204/hard-kamp-om-mittfaltet-ett-ar-fore-valet-1.956174) (Stand: 19. Dezember 2009).

ger, sich noch in Parteien zu engagieren, ja für die Politik der Parteien überhaupt noch Interesse aufzubringen; die Diffusion der einst antreibenden Idee und das spirituelle Vakuum seither. Auch im Mitte-Rechts-Spektrum ist das Paradigma des Wollens nicht mehr eindeutig. Auch dort haben es die Parteiführer schwer, ihre früheren Getreuen und Sympathisanten noch in Marsch zu setzen. Und sie spüren ebenfalls, dass ihre Botschaften und Appelle im Volk auf denkbar geringe Resonanz stoßen.

Wo die Ziele verschwimmen, können sich auch die Anführer nicht länger in kraftvoller Pose und mitreißendem Schwung an die Spitze gesellschaftlicher Bewegtheit setzen. Wo sie auf dem fragmentierten politischen Feld nicht mehr allein vorwärtsstürmen können, sondern Mitspieler in einem fragilen Allianzsystem benötigen, da werden aus forschen »Leadern« vorsichtige Mittler und behutsame Moderatoren. Eigensinnige Kraftnaturen und ungestüme Egozentriker, die das große Spiel in der Arena zum aufregenden Spektakel zu machen pflegen, fehlen im Zentrum des Parlamentarismus daher ganz. Aber der Wunsch nach solchen Gestalten, nach den August Bebels, Victor Adlers, Jean Jaurès', Émile Vanderveldes, Léon Blums, Bruno Kreiskys, Olof Palmes, Willy Brandts des 21. Jahrhunderts lebt auch in der eingepassten, längst vom sozialen Rand in die gesellschaftliche Mitte gerückten Sozialdemokratie in Resten noch fort. Daraus entstanden die raschen Enttäuschungen über die jeweiligen realen, blasseren Parteichefs. Das motivierte die atemlose Auswechslung der Parteivorsitzenden in den Sozialdemokratien vieler europäischer Staaten. Die Dignität der Politik haben die temporeichen Personalrochaden allerdings nicht erhöht. Immerhin: In Ländern wie Schweden, Dänemark und Frankreich stehen mittlerweile – und dort zum ersten Mal – Frauen an der Spitze der nationalen Sozialdemokratien. Alle hatten es anfangs schwer, alle drei haben dann mit bemerkenswerter Zähigkeit Neuerungen in ihre Parteien hineingebracht, nicht zuletzt auf dem Terrain bündnispolitischer Offenheit und Elastizität. Aber natürlich gilt auch für sie: Als charismatisch wird man weder Mona Sahlin noch Helle Thorning-Schmidt oder Martine Aubry bezeichnen. Wenn es schon an

Charismatikern fehlt, dann muss irgendwoher – woher auch immer und koste es, was es wolle – eine neue Vision kommen. Es ist bezeichnend, dass der Hilferuf nach der Vision verzweifelt beschwörend klingt, dabei durch und durch ratlos ist. Der sozialistische Bürgermeister der französischen Stadt Quimper, Bernard Poignant, folgert daher schon fast resigniert: »Wenn eine Partei, als Organisationsstruktur, keine Antwort weiß auf die Frage, warum sie da ist, dann kann sie sterben.«[1] In Frankreich stand der Mortalitätsdiskurs während des Sommers 2009 in voller Blüte.[2] Ihr Protagonist war der Philosoph Bernard-Henri Lévy, der sich in mehreren Beiträgen dafür aussprach, die Sozialistische Partei aufzulösen, zumindest das Attribut »sozialistisch« ohne Zeitaufschub zu tilgen. Im Grunde aber sei die Partei, welche die Hoffnungen von niemandem mehr verkörpere, längst »schon gestorben«.[3] Etwas gemäßigter in seiner Formulierung war der frühere sozialistische Kulturminister Jack Lang, der die PS als »ausgetrockneten Baum« charakterisierte.[4]

Mit trotzigem Optimismus reagierte allerdings der französische Abgeordnete des Europäischen Parlaments, Henri Weber, auf diese Sterbechoräle. Die »ganze Geschichte [der europäischen Sozialdemokratie] zeigt ihre Fähigkeit, sich neuen historischen Bedingungen anzupassen […]. Warum dies heute anders sein sollte, ist nicht zu sehen. Umso mehr als die Lösungen der ökonomischen und ökologischen Krise des Kapitalismus weder neoliberal noch linksradikal sind, sondern sozialdemokratisch. Seit

1 Poignant, Bernard 2009, »Pour le PS, quatre défaites et un enterrement. À trop oublier sa vocation, le parti est menacé de mort«, in: *Le Monde* (27. Juni 2009).
2 Vgl. etwa das Gespräch mit dem Generaldirektor der Welthandelsorganisation (WTO) Pascal Lamy »La mort du PS? C'est possible«, in: *Le Monde* (27. August 2009); vgl. auch Normand, Jean-Michel 2009, »Au PS, Manuel Valls ne veut pas ›mourir à petit feu‹«, in: *Le Monde* (28. Juni 2009); ders. 2009, »Réarmement, dépassement, projet …: le nouveau langage socialiste«, in: *Le Monde* (14. Juli 2009); Fressoz, Françoise 2009, »Pour la première fois depuis sept ans, le PS a conscience de sa vulnérabilité«, in: *Le Monde* (27. August 2009).
3 Vgl. das Gespräch mit Bernard-Henri Lévy »Le PS doit disparaître«, in: *Le Journal de Dimanche* (19. Juli 2009).
4 Zit. nach Delberghe, Michel 2009, »Le rappel à l'ordre de Mme Royal aux socialistes critiques«, in: *Le Monde* (23. Juli 2009).

zehn Jahren sind alle sozialistischen Parteien in Europa auf der Suche nach neuen Wegen. Der Misserfolg des Blair'schen ›Dritten Weges‹ entmutigt nicht, sondern lenkt ihre Anstrengungen in neue, andere Richtungen. Ich glaube, dass diese Anstrengungen ein weiteres Mal von Erfolg gekrönt sein werden. ›Ich glaube es, weil ich es hoffe‹, sagte Léon Blum.«[1]

1 Weber, Henri 2009, »Socialisme: la troisième refondation«, in: *Le Monde* (25. August 2009).

6. Defekte Partei
Das Erbe von Schröder und Müntefering

Man pflegt Demokratien dafür zu loben, dass sie über innere Kräfte zur Selbstkorrektur verfügen.[1] Denn Demokratien besitzen durch das Wahlrecht, die Pressefreiheit, das Recht auf freie Vereinigung etc. Seismographen für die Zufriedenheit oder Unzufriedenheit im Volk. Gehen etwa die Stimmen für eine politische Partei gewaltig zurück, artikuliert sich in der öffentlichen Meinung massive Kritik, wenden sich Mitglieder in Scharen ab, dann zeigt das dem politischen Führungspersonal an, dass irgendetwas nicht stimmt. In Demokratien liegen die Defizite offen – im Unterschied zu Diktaturen, wo unfreie Wahlen, Mitgliedschaftszwang und eine autoritär gegängelte Presse alle Malaisen verschleiern sollen.

So jedenfalls kann man es, knapp und kurz gefasst, in Lehrbüchern zur »Einführung in die Demokratie« nachlesen. Aber was hat sich dann in den letzten elf Jahren in der deutschen Sozialdemokratie ereignet? Die Krisenindikatoren konnten zahlreicher nicht sein. Die Partei erlebte einen Mitgliederexodus, der historisch einzigartig ist. Sie verlor an Wählern in einem Ausmaß, das ebenfalls singulär in der bundesdeutschen Geschichte ist. Sie büßte in den Bundesländern rund vier Fünftel ihrer Regierungsressorts ein. Die Hälfte der gewerkschaftlich organisierten Arbeiter – über hundert Jahre lang die Kader des historischen Subjekts, sprich der Arbeiterklasse, im Vorfeld der SPD – entfernte sich aus dem sozialdemokratischen Elektorat. Bei den jungen Bundesdeutschen im Berufseintrittsalter hat die FDP die SPD mittlerweile überflügelt. Im erwerbstätigen Teil der Bevölkerung hat in diesem Jahrzehnt eine veritable Massenabwanderung von der Partei stattgefunden. Allein die Rentner halten die Sozialdemokraten noch über der 20-Prozent-Marke. Unter allen Wahl-

1 Vgl. u. a. Schmidt, Manfred G. 2008, *Demokratietheorien. Eine Einführung*, 4. Aufl., Wiesbaden: VS Verlag für Sozialwissenschaften.

berechtigten ist der Anteil der SPD von 41,4 Prozent im Jahr 1972 auf 16,1 Prozent im Jahr 2009 heruntergeschnurrt.[1]

Das alles hat sich nicht erst am Bundestagswahlsonntag im September 2009 abgespielt. Es hatte einen zehnjährigen, systematischen und kontinuierlichen Vorlauf. Nochmals: Die Einbrüche vollzogen sich transparent, in aller Öffentlichkeit, belegt durch harte Daten. Die SPD rüttelte das jedoch nicht wach. Es gab keine ringenden Debatten, keine aufgewühlten Versammlungen, keine Rebellen mit alternativem Konzept, die sich der fatalen negativen Entwicklung kraftvoll entgegengestemmt hätten. Ganz im Gegenteil: Die Parteitagsdelegierten jubelten, die Mitglieder freuten sich, wenn ihr zweimaliger Parteivorsitzender im apodiktischen Stakkato den offensichtlichen Unsinn skandierte: »Fraktion ist gut, Partei auch. Glück auf!« Währenddessen verlor die Republik eine ihrer beiden Volksparteien.[2]

Dabei: Es waren keineswegs Phantomschmerzen die Ursache dafür, dass sich Hunderttausende von Mitgliedern und Millionen von Wählern brutal enttäuscht von ihrer früheren Partei abwandten. Niemals im 20. Jahrhundert hat sich in einer solchen Geschwindigkeit die soziale Ungleichheit, also die Diskrepanz zwischen den Einkommensverhältnissen oben und unten, so forciert wie in den sozialdemokratischen Regierungsjahren seit 1999. Die Armutsquote war ab 2000 von zwölf auf achtzehn Prozent hochgeschnellt.[3] Die Anzahl derjenigen, die man als *working poor* bezeichnet, hatte sich in den Schröder-Jahren verdoppelt. Die neuen Jobs, welche man den Agenda-Reformen zuschrieb, bestanden in der Hauptsache aus Mini-Jobs, unfreiwilligen Teilzeit- und Kurzarbeitsplätzen. Etliche Hunderttausende, die auf diese Weise prekär beschäftigt waren, bezogen zugleich Hartz IV,

1 Vgl. Kahrs, Horst 2009, »Bundestagswahl 2009: zwei Gewinner, ein Absturz«, online verfügbar unter: (www.rosalux.de/cms/fileadmin/rls_uploads/pdfs/Themen/leftparties/pdfs/wahlen_090927/Kahrs_2009-10-07-BTW_WahlanalyseRL S.pdf) (Stand: 27. Dezember 2009).

2 Vgl. hierzu auch Neumann, Paul 2004, »Hallo Vermittlung«, in: *Der Freitag* (20. Februar 2004).

3 Akribisch hierzu und im Folgenden Lohauß, Peter 2009, »Die Rückkehr der Klassengesellschaft«, in: *Kommune* H. 5/2009, S. 6-15.

weil die Entlohnung für ihre Erwerbstätigkeit zum Leben nicht reichte. Und die Hartz-IV-Bürokratie hatte – so jedenfalls der frühere Bundesarbeitsminister und Christdemokrat Norbert Blüm – »den Sozialstaat zum Überwachungsstaat« gemacht.[1] Mehr Vertrauen schenkte die rot-grüne Bundesregierung dagegen den Betreibern von Hedgefonds, denen sie durch das Investmentgesetz vom 15. Dezember 2003 mit folgender amtlicher Begründung freie Bahn gab: »Die Hedgefonds-Branche scheint sich zu einer Branche entwickelt zu haben, die sich der mit Hedgefonds verbundenen Risiken bewusst ist und mit ihnen verantwortungsvoll umgeht. Es darf daher erwartet werden, dass die vom Gesetzgeber vorgegebenen Freiräume nicht missbraucht werden.« Drei Jahre später riet Jörg Asmussen, ein enger Vertrauter Hans Eichels und dann Staatssekretär bei Peer Steinbrück im Finanzministerium, den Banken bei Investitionen in ABS-Produkte »keine unnötigen Prüfungs- und Dokumentationspflichten« aufzuerlegen.[2] Auch die »Mitte« – 1998 noch besonderer Adressat der sozialdemokratischen Wahlkampagne – zählte zu den Verlierern der SPD-Regierungsjahre. Das Deutsche Institut für Wirtschaftsforschung konnte im Jahr 2008 empirisch belegen, dass seit Ende der neunziger Jahre eine »Polarisierung der Einkommen zulasten der gesellschaftlichen ›Mitte‹ stattfand«.[3]

Schon im Februar 2004 diagnostizierte Renate Köcher vom Institut für Demoskopie Allensbach, die Mehrheit der Bevölkerung empfände die Politik der Regierung Schröder als sozial unausgewogen, mehr noch: diese habe seit längerem gar den Eindruck erweckt, die Bundesregierung bemühe sich nicht einmal um soziale Gerechtigkeit.[4] Ihr Kollege Klaus-Peter Schöppner

1 Interview mit Norbert Blüm 2009: »Hartz ist Pfusch«, in: *Süddeutsche.de*, online verfügbar unter: (www.sueddeutsche.de/politik/378/483820/text/) (Stand: 13. September 2009).
2 Vgl. Asmussen, Jörg 2006, »Verbriefung aus Sicht des Bundesfinanzministeriums«, in: *Zeitschrift für das gesamte Kreditwesen* H. 19/2006, S. 10-19, hier S. 11.
3 Vgl. hierzu Kronauer, Martin 2008, »Verunsicherte Mitte, gespaltene Gesellschaft«, in: *WSI-Mitteilungen* H. 7/2008, S. 372-378.
4 Vgl. Köcher, Renate 2004, »Regieren gegen die öffentliche Meinung«, in: *Frankfurter Allgemeine Zeitung* (18. Februar 2004).

von TNS Emnid konstatierte nach dem Ende der Kanzlerschaft Schröders, dass 1998, nach 16 Jahren Kohl, 55 Prozent der Bürger die deutsche Gesellschaft als ungerecht eingeschätzt hatten, nach sieben Jahren Rot-Grün – ursprünglich angetreten, um die soziale Asymmetrie zu korrigieren – war die Quote auf 78 Prozent angestiegen.[1] Und der im Juli 2002 als Bundesminister geschasste frühere Parteichef Rudolf Scharping zog im Frühjahr 2004, nunmehr als Außenseiter ohne jedes politische Gewicht, die bittere Bilanz: »In der Geschichte der Demoskopie hat es einen so lang andauernden, vor allem so tiefen Verfall für die SPD nicht gegeben. Dramatisch ist der politische Befund: Die Sozialdemokratie hat in einem Ausmaß und mit einem Tempo an Verankerung in der Gesellschaft und an Macht, an Kompetenz und Glaubwürdigkeit verloren wie noch nie.«[2]

Die sozialdemokratische Parteiführung indessen schaute dem Stimmungsverfall insbesondere bei denjenigen, die sie 1998 mit großen Erwartungen gewählt hatten, ungerührt zu. Denn sie deklarierte ihre Politik dogmatisch als »alternativlos«, was im Grunde die typische Attitüde von Ideologen, nicht aber von diskursiven Demokraten ist. Die Bilanz der SPD im Herbst 2009 fiel desaströs aus. Doch beharrte ihr damaliger Parteivorsitzender Müntefering in Interviews noch nach der verheerenden Wahlniederlage schmallippig und rechthaberisch darauf, die letzten elf Jahre seien gut, ein »stolzes Stück« für die SPD gewesen.[3] »Stolz« – den hatte auch schon der damalige Generalsekretär der Partei, Olaf Scholz, im Herbst 2003 von seinen Parteifreunden verlangt, Stolz auf die Agenda 2010, Stolz auf die anstehenden Hartz-Reformen, Stolz auf die Ich-AG, später dann auch

---

1 Vgl. Schöppner, Klaus-Peter 2007, »Wirtschaftspolitik ist wahlschädlich«, in: *Cicero* H. 9/2007, online abrufbar unter: (www.cicero.de/97.php?ress_id=10& item=2097) (Stand: 2. Oktober 2009); etwas anders die Zahlen des Autors in: ders. 2008, »Therapie für die Sozialdemokratie«, in: *Neue Gesellschaft/Frankfurter Hefte* H. 11/2008, S. 44-46.

2 Scharping, Rudolf 2004, »Meine Partei droht zu erfrieren«, in: *Cicero* H. 4/2004, online abrufbar unter: (www.cicero.de/97.php?ress_id=4&item=32&aktion= blaettern&teil_num=1&teil_gesamt=2) (Stand: 4. September 2009).

3 Vgl. das Interview mit Franz Müntefering 2009, »Wir haben uns nicht freiwillig geopfert«, in: *Die Zeit* (15. Oktober 2009).

Stolz auf die urplötzlich ausgerufenen »Elite-Universitäten«.[1] Denn bald »werden alle sehr beeindruckt sein« in Deutschland.[1] Schließlich gehe es darum, so der Chef im Willy-Brandt-Haus, die Menschen mit den Reformen »in die Lage zu versetzen, ihr Leben so zu gestalten, wie sie es gerne gestalten möchten«.[2] Das sei die zeitgemäße Übersetzung von Gerechtigkeit; das Attribut »sozial« brauche man dafür künftig nicht mehr.[3] Wahrscheinlich hat einen Teil der Bevölkerung in jener Zeit kaum etwas mehr verbittert als die buntscheckigen Girlanden, welche die sozialdemokratische Parteiführung, Olaf Scholz vorneweg, als vermeintlich sinnstiftenden Überbau um den Sanierungskurs, die Sparaktionen, die Sozialeinschränkungen, über das »Notpaket«[4] der Agenda 2010 gewunden hatte.[5] Man wurde zur Arbeit, gleich welcher Qualität, gezwungen und musste sich anhören, dass man das Leben nach eigenem Gusto ausfüllen solle. Allein ein Altsozialdemokrat wie der frühere Bremer Bürgermeister und stellvertretende Bundesvorsitzende der SPD, Hans Koschnick, fasste die politische und gesellschaftliche Situation in den gewundenen, aber treffenden Satz: »Es gibt zurzeit fast nichts, was eine Reform zu nennen ist, sondern nur Einschnitte.«[6]

Man wäre fast geneigt gewesen zu sagen: Déjà-vu. Seit dem Spätsommer 2009 konnte man am Bildschirm eine Fülle von Rück-

---

1 Zitat von Scholz in: Spannbauer, Andreas 2003, »Das Gespenst des Machtverlustes«, in: *die tageszeitung* (29. September 2003); vgl. hierzu auch Hübner, Wolfgang 2003, »Wo geht's zum nächsten Porzellanladen?«, in: *Neues Deutschland* (29. September 2003).

2 Ähnlich auch der damalige Netzwerksprecher Hubertus Heil im Interview: Heil, Hubertus 2003, »Gerechtigkeit ist nicht nur Soziales«, in: *Westfälische Rundschau* (13. August 2003); vgl. die kritischen Anmerkungen hierzu bei Keil, Gert 2003, »Die Dinge anders sehen heißt nicht, andere Dinge sehen«, in: *Frankfurter Rundschau* (4. November 2003).

3 Vgl. Gerhards, Bert 2003, »Soziale Gerechtigkeit kann begeistern«, in: *Kölner Stadt-Anzeiger* (16. September 2003).

4 Den Ausdruck gebrauchte Oberndörfer, Dieter 2003, »Das Notpaket«, in: *Frankfurter Rundschau* (12. Mai 2003).

5 Hierzu auch Dieckmann, Christoph 2004, »Das Volk zerfällt, die Klassen kehren zurück«, in: *Der Freitag* (5. März 2004).

6 Zit. nach o.V. 2003, »Koschnick warnt«, in: *Neue Osnabrücker Zeitung* (23. Oktober 2003).

blicken auf den Herbst 1989 verfolgen. Man sah einen Staat, bei dem die Selbstkorrekturmechanismen der Demokratie nicht gegeben waren. Die innere Erosion des staatssozialistischen Systems war bereits weit fortgeschritten, aber es existierten keine Strukturen, Verfahrenweisen und Filter, um die Unzufriedenheit gewissermaßen evolutionär zum Ausdruck zu bringen. Und die SED-Führung versuchte sich daher über das Ausmaß der gesellschaftlichen und ökonomischen Zerrüttung hinwegzutäuschen. Man erinnert sich noch gut an die verstockten Abwegigkeiten des greisen Erich Honecker vom August 1989: »Den Sozialismus in seinem Lauf hält weder Ochs noch Esel auf.« Und natürlich weinte man erklärtermaßen auch keinem der Republikflüchtigen eine Träne nach.

Doch: Wie hatte es in der SPD zu einer solchen Honeckerei, einer solchen Realitätsverdrängung und Fehlerignoranz, kommen können? Kaum waren die Bundestagswahlen mit dem Katastrophenergebnis für die SPD vorbei, erreichten den Verfasser zahlreiche Mitteilungen aus dem Willy-Brandt-Haus, in der Wahlkampfzentrale habe während der Monate zuvor eine Art Despotie geherrscht, ein Klima des Duckmäusertums, der Bespitzelung, der Denunziation. Eine allgegenwärtige Furcht vor den »Oberen« habe jede Kreativität erstickt. Bedrückend liest sich der lange, präzise Erfahrungsbericht einer Mitarbeiterin vom September 2009 über die Wahlkampfmonate: »Meine Konzentration lässt nach, ich komme mir immer mehr vor wie in einem Irrenhaus, dessen Insassen felsenfest glauben, dass die da draußen die Verrückten sind. Im Willy-Brandt-Haus kommt kaum einer offen auf den anderen zu, jede Geste wirkt kontrolliert. Man gewöhnt sich daran, vergisst zwangsweise jeden Morgen von Neuem, wie die Menschen da draußen, außerhalb der hauptberuflichen Politik, miteinander umgehen können: offen, freundlich, vertrauensvoll. Meine Kinder erinnern mich abends daran, wenn ich nach Hause komme, und wenn wir dann gemeinsam über irgendeinen Unsinn lachen, werde ich unvermittelt traurig, dass die Nordkurve[1] kein

---

1 Bezeichnung für die Wahlkampfzentrale der SPD in Anspielung auf die »Nordkurve« in Fußballstadien, also den Ort, an dem sich die größten Fans sammeln.

Treibhaus für gute Ideen, sondern für ungute Charaktereigenschaften ist. Eine Glasglocke, die die Wirklichkeit fernhält, zusätzlich gesichert mit einer dicken Eisschicht.«[1] Auf den Parteiversammlungen an der Basis hörte man in den Oktober- und Novemberwochen ganz ähnliche Töne, die einen abermals an den Herbst 1989 denken ließen. Redner meldeten sich in reuiger Selbstbezichtigung zu Wort, man habe in den letzten zehn Jahren fälschlicherweise geschwiegen, nicht gegen den Kurs der Parteispitze aufbegehrt, sei es aus falsch verstandener Solidarität oder schlicht aus Angst, politisch sonst kaltgestellt zu werden.[2]

Und wenn jemand ein wenig Mut hatte, blieb er in seinen Folgerungen vorsichtig oder ambivalent. Beispielhaft dafür verhielt sich Sigmar Gabriel, der neue Chef der Sozialdemokraten. Im März 2008 meldete sich der damalige Bundesumweltminister und gegenwärtige Parteivorsitzende im Hamburger Nachrichtenmagazin *Der Spiegel* mit einem Essay zur Lage der Republik und seiner eigenen Partei zu Wort.[3] Kaum etwas konnte – vom Verfasser wahrscheinlich ganz unbeabsichtigt – die Not der Sozialdemokratie deutlicher machen. Gabriel resümierte in aller analytischen Schärfe die Fehlentwicklungen der deutschen Gesellschaft der letzten zehn Jahre: das Ende des Credos vom Wohlstand für alle, die gravierende Verminderung von Aufstiegsmöglichkeiten durch Leistung, die elementare Gefährdung der Mitte, die drohende Altersarmut zumindest im Osten, die eklatante Unterfinanzierung der Universitäten, die rasanten sozialen Spaltungen. Und er brachte diese Entwicklung auf einen denkbar kritischen Begriff: Er schrieb von einem klassengesellschaftlichen »Neofeudalismus«. Kurz danach legte er mit einem gan-

---

1 Vgl. hierzu den erhellenden Erfahrungsbericht von o.V. 2009, »No we can't«, in: *Der Freitag*, online abrufbar unter: (www.freitag.de/datenbank/freitag/2009/39/wahlkampf-spd-wahlkampfzentrale-insider) (Stand: 23. September 2009).
2 Ähnliches wird über das Binnenleben in der österreichischen SPÖ berichtet. So fragte sich die von Armin Thurnher geleitete Zeitschrift *Falter* 2008, wieso sich die Partei, die so lange bis zur Selbstzerfleischung diskussionswütig gewesen war, die ungewöhnliche Gleichschaltung zuletzt gefallen ließ. Vgl. *Falter* H. 27/2008.
3 Auch Gabriel, Sigmar 2008, »Sagen, was Sache ist«, in: *Spiegel Online*, online abrufbar unter: (www.spiegel.de/spiegel/0,1518,544470,00.html) (Stand: 31. März 2008).

zen Buch unter dem Titel *Links neu denken* nach: Die soziale Polarisierung sei massiv vorangeschritten, die Armut habe sich erheblich ausgeweitet; die Reallöhne im unteren Viertel seien markant zurückgegangen, die Segmentierung der Gesellschaft habe erschreckend zugenommen. Wohlgemerkt: Der frühere niedersächsische Ministerpräsident und gegenwärtige SPD-Chef charakterisierte damit ganz explizit die letzten zehn Jahre der deutschen Republik – die Dekade also, da Sozialdemokraten oberste politische Verantwortung trugen, mithin die regierende Partei des »Neofeudalismus« waren. Doch dann, zum Schluss seiner Ausführungen für das Hamburger Nachrichtenmagazin und in seinem nachfolgenden Buch, schlug er als Strategie für den Bundestagswahlkampf 2009 vor, man müsse sich selbstbewusst zu den Erfolgen der Sozialdemokraten in der rot-grünen und großkoalitionären Regierungsära bekennen.

Kurzum: Man blieb ratlos. Sollten die Sozialdemokraten nun in Stellung gebracht werden gegen die Neofeudalisierung der bundesdeutschen Gesellschaft? Oder sollten sie die herrschenden Zustände offensiv und stolz verteidigen, da ihre eigenen Leute schließlich dafür gouvernemental verantwortlich gezeichnet hatten?

Ratlos wirkte auch die Wahlkampfstrategie der SPD 2009. Im Berliner Willy-Brandt-Haus herrschte noch bis in den Sommer 2009 hinein die zunehmend verzweifelt anmutende Hoffnung, dass alles noch einmal so laufen würde wie 2002 und 2005. In den Bundestagswahlkämpfen damals, so der stete Refrain des Generalsekretärs, des Bundesgeschäftsführers und des Parteivorsitzenden, galt die SPD ebenfalls bereits als hoffnungslos abgeschlagen – dann aber habe die unaufhaltsame Aufholjagd begonnen. Und schließlich reichte es ja im ersten Fall für die Fortsetzung von Rot-Grün, im zweiten Fall wenigstens noch für die Beteiligung an der Großen Koalition. Hoffnung hatte zur Mitte der Legislaturperiode auch der Geschäftsführer von Infratest dimap, Richard Hilmer, gemacht. Zwar wies er auch auf die zahlreichen Wähler hin, die der SPD seit 2005 den Rücken gekehrt hatten, beruhigte die Partei aber mit dem Hinweis, dass sich die-

ser Typus des passagenweise verdrossenen Wählers mit prinzipi-
ell sozialdemokratischem Hintergrund dann doch immer für die
SPD entschieden habe, wenn es bei Bundestagswahlen ernst geworden sei.[1]

An solche Strohhalme klammerte man sich im SPD-Hauptquar-
tier und intonierte die autosuggestiven Strophen – »Wahlkampf
können wir« – unverdrossen in jedem Interview. Sozialwissenschaftler pflegen diesen vergangenheitsbezogenen Determinismus
als »pathologisches Lernen« zu charakterisieren; René Cuperus,
der sozialdemokratische Intellektuelle aus den Niederlanden,
sprach später von einem »strategischen Alptraum allerhöchsten
Ranges«.[2] Schon 1998 hatte man Vergleichbares bei Helmut Kohl
beobachten können, der offenkundig bis in die letzten Tage
glaubte, alles würde wieder gutgehen, wie 1987, 1990 und 1994.
Seine Entourage war verzweifelt. Denn der entrückte Kanzler
lebte aus seinen Anekdoten und ignorierte, dass sich die Welt um
ihn herum erheblich verändert hatte.

Der SPD erging es 2009 ähnlich. Denn nichts war in diesem Jahr
mehr so wie 2002 oder 2005. Damals vermochte die virtuose
Kämpfernatur Schröder regelmäßig zwei Monate vor den Wahlen wieder in die Rolle des robusten Sozialstaatsverteidigers zu
schlüpfen. Mit seinem ausgeprägten Instinkt hatte er verlässlich
die offenen Flanken im bürgerlichen Lager erkannt, die Konservativen und Liberalen als Gefahr für die soziale Sicherheit und
den sozialen Frieden gegeißelt. Angela Merkel und Guido Westerwelle personifizierten in diesen Kampagnen die Bedrohung
für den »kleinen Mann«.

Indes: Wie konnten die Sozialdemokraten etliche Monate an dem
Glauben festhalten, diese Methode auch ein drittes Mal erfolgreich anwenden zu können? Sie hatten Angela Merkel schließlich

1 Vgl. das Interview mit Richard Hilmer 2007, »Warum der SPD die Wähler weg-
laufen«, in: *Die Welt* (12. Juli 2007).
2 Cuperus, René 2009, »Keine Macht, keine Moral? Ein holländischer Kommentar zum SPD-Blues«, in: Engels, Jan Niklas/Gero Maaß (Hg.), *Im Blick der europäischen Nachbarn. Analysen zur Krise der Sozialdemokratie nach der Bundestagswahl 2009*, S. 21-27, hier S. 22, online abrufbar unter: (http://library.fes.de/
pdf-files/id/ipa/06792.pdf) (Stand: 22. Dezember 2009).

in der Großen Koalition gezähmt, für viele seinerzeit gar sozial-
demokratisiert. Die Tonalität der Regierenden im ersten Kabinett Merkel jedenfalls fiel in den letzten vier Jahren sozial erheblich wärmer aus als zwischen 2003 und 2005 unter Schröder und
Fischer. Die *issue ownership* am Sozialen, wie es im Jargon der
Wahlforscher heißt, war den Sozialdemokraten darüber zumindest zwischenzeitlich verloren gegangen. Vor allem erinnerten
einige Interpreten des Zeitgeschehens mokant, aber keineswegs
zu Unrecht daran, dass die forcierte Liberalisierung der Finanz-
märkte just in der Zeit stattgefunden hatte, als Ende der neunziger Jahre elf von fünfzehn EU-Ländern sozialdemokratisch
regiert worden waren und sozialdemokratische Finanzminister
mit besonderem Eifer hatten beweisen wollen, wie sehr sie sich
auf der Höhe der dominanten volkswirtschaftlichen Doktrinen
bewegten. Die Kanzlerin jedenfalls taugte bei alledem im Wahlkampf nicht recht als Buhfrau der sozialen Kälte und eines ent-
fesselten Kapitalismus.

Natürlich, das Bündnisproblem existierte objektiv, war nicht nur
Produkt von Führungsversagen. In einer gewissen Weise kehrten die Verhältnisse der schwierigen Wahlkampfbedingungen von
1987 und 1994 zurück. Der christdemokratische Bundeskanzler
Helmut Kohl war seinerzeit im Vorfeld der beiden Bundestagswahlen ausgesprochen unbeliebt. Aber der SPD fehlte auch damals die stimmige Koalitionsalternative. Weder Johannes Rau
noch Rudolf Scharping wollten als Kanzlerkandidaten das rot-
grüne Regierungsbündnis. Eine eigene Mehrheit aber, welche die
beiden kühn als Ziel proklamierten, war eine schlichte Illusion.
Die Wähler wussten das, die Aktiven der SPD wussten es ebenfalls. So blieb die SPD demobilisiert – und nach den Wahlsonnta-
gen in der Opposition.[1]

Im Jahr 2009 steckte die SPD in einem ähnlichen Dilemma. Was

---

1 Vgl. hierzu Gissendanner, Scott/Dirk Vogel 2007, »Johannes Rau. Moralisch ein-
wandfreies Scheitern«, in: Forkmann, Daniela/Saskia Richter (Hg.), *Geschei-
terte Kanzlerkandidaten. Von Kurt Schumacher bis Edmund Stoiber*, Wiesbaden: VS Verlag für Sozialwissenschaften, S. 261-289; Klecha, Stephan 2007, »Rudolf Scharping. Opfer eines Lernprozesses«, in: Forkmann, a. a. O., S. 323-354.

in den achtziger Jahren für das sozialdemokratische Lager die Grünen waren, wurden zwei Jahrzehnte später die Linken Lafontaines: Mindestens die Hälfte der SPD-Anhänger wollte damals nichts mit den »Ökos« zu tun haben, ein Vierteljahrhundert später mochte sich ein ähnlich großer Anteil von Sozialdemokraten kategorisch nicht mit den Nachfolgern Honeckers bzw. den Kumpanen des »Verräters« aus Saarbrücken in ein Boot setzen. Für eine »linke Mehrheit« also konnte man 2009 die Kampagne nicht führen. Für Rot-Grün alleine reichte es sowieso in keinem Fall. Und für eine neuerliche Große Koalition hätte sich erst recht kaum jemand an der dauerfrustrierten sozialdemokratischen Basis in die Schlacht geworfen. Somit retteten sich Müntefering und Steinmeier – denen die Fortsetzung eines Kabinetts mit der Union wohl insgeheim nicht unangenehm gewesen wäre – rhetorisch in die Aussicht auf die »Ampel«, auf eine Allianz also ausgerechnet mit dem bewährten Lieblingsfeind der sozialdemokratischen Aktivitas der Wahlkämpfe 2002 und 2005: mit Guido Westerwelle. Müntefering pflegte zur Legitimation dieser Bündnisprojektion gerne an die sozialliberalen Regierungsjahre nach 1969 zu erinnern: »Das waren für Deutschland erfolgreiche Sachen.«

Nur: Die Regierung Brandt-Scheel war Ende der sechziger Jahre erst zustande gekommen, weil sich die Freien Demokraten im Laufe der sechziger Jahre mehr und mehr von ihrem überlieferten altmittelständischen Kern gelöst hatten und daraufhin stärker ins moderne linkslibertäre Bürgertum vorgedrungen waren. 2009 hatte sich die Entwicklung genau andersherum vollzogen. Die FDP des Jahres 2009 war zum Sammelbecken und Refugium eines um Besitz und Eigentum besorgten Bürgertums geworden. Die Hausse der Freien Demokraten im Jahr 2009 wurzelte in der Furcht etlicher Selbstständiger und primärer CDU-Wähler vor einem neuen Etatismus, vor Verstaatlichungsabsichten oder vor Abgabenerhöhungen. Eine FDP dieses entschieden besitzbürgerlichen Zuschnitts – es ging um harte materielle Interessen, nicht um postmaterielle Rechtsreformen – durfte den Sozialdemokraten keinerlei Avancen machen. Und dennoch sollten die Freide-

mokraten in Münteferings Planspiel während all der Wahlkampfmonate am Ende des Ringens die Braut in der Koalitionsehe
mit Liberalen wie Grünen bilden. Das alles war denkbar konfus
und unrealistisch, in gewissem Sinne auch »ein Akt öffentlicher
Selbsterniedrigung«,[1] da Westerwelle all diese Offerten höhnisch
zurückwies. Die SPD hatte sich unter der Führung des beken-
nend passionierten Mühlespielers Müntefering fraglos in eine
Zwickmühle manövriert. Dem »Kampagnen-Magier« der Wahlkämpfe 1998, 2002 und 2005 war seine Zauberkraft abhandengekommen.[2]
So ging schließlich die erstaunliche Karriere des Sozialdemokraten aus dem Sauerland wenig erbaulich zu Ende. In den ersten
55 Jahren seines Lebens galt Müntefering nirgendwo als ernsthafte Führungsbegabung, weder im Volk noch in der Partei. Aber
dann, als die lange verhätschelten Großtalente der sogenannten
»Toskana-Fraktion«, die Engholms, Lafontaines, Schröders, nicht
das hielten, was man sich von ihnen versprochen hatte, als man
deren Allüren aus Rotwein, Hedonismus und verspielter politischer Beliebigkeit überdrüssig war, stand plötzlich Müntefering
wie ein Held auf der Bühne, welcher als Letzter das Stück der
traditionellen SPD noch spielen konnte. Aus dem Biedermann
war mit einem Mal eine Heilsfigur und Erweckungsgestalt der
deutschen Sozialdemokratie geworden.
Derart jedenfalls stilisierte man Müntefering an der Basis der
SPD.[3] Allein der Parteiintellektuelle Peter Glotz thematisierte
öffentlich die Defizite. Müntefering sei kein Stratege, warnte er.
Intelligente Kompromisse, so Glotz, könnten nur von Leuten in
der Politik ersonnen werden, die gegen den Strich dachten. Willy
Brandt habe diesen Typus angezogen; Müntefering präferiere
hingegen eine andere Sorte von Zuarbeitern.[4] Doch bald schäum-

1 Geis, Matthias 2009,»Wahl ohne Kampf«, in: *Die Zeit* (2. Juli 2009).
2 Strohschneider, Tom 2009, »Basta mit Basta«, in: *Der Freitag* (16. Juli 2009).
3 Vgl. Schalk, Stephan 2004, »Nie wieder postmodern«, in: *Frankfurter Rund-schau* (20. Februar 2004); Bruns, Tissy 2004, »Seit' an Seit'«, in: *Der Tagesspiegel* (7. Februar 2004).
4 Vgl. Glotz, Peter 2004, »Trutzburg der kleinen Leute«, in: *Rheinischer Merkur* (12. Februar 2004).

ten auch die Medienvertreter, erstaunlicherweise besonders die Edelfedern der Republik, nahezu über vor Begeisterung über diesen raren Typus eines Politikers mit »deutlicher Ansage«, »klarer Kante«, »führungsstarker Botschaft«. Man stelle sich vor, Müntefering hätte sich 2008 nicht zum Rückzug entschlossen, wir wären in den Herbstwochen 2009 fraglos Zeugen einer gigantischen Mythologisierung Franz Münteferings als »letzten großen Sozialdemokraten alter Schule« geworden, der unzweifelhaft als Einziger die malade Partei überhaupt noch hätte retten können.

Dabei war es Müntefering zuvörderst stets um Disziplin und Geschlossenheit zu tun gewesen. Er war nahezu die Kontrastfigur zu Willy Brandt, welcher auf die *Fähigkeiten* von Mitgliedern und Funktionären gesetzt, ihnen Raum gelassen, sie zur Selbstinitiative ermuntert hatte. Müntefering und – vielleicht mehr noch – sein engeres Umfeld betrachteten die Sozialdemokratie eher wie eine Kompanie, zentralisierten die Entscheidungen, verlangten Gehorsam und Gefolgschaft. Eigeninitiative, die sich der Kontrolle entzog, stieß sofort auf das Misstrauen der westfälischen Kommandozentrale. Die Truppen waren in Wahlkämpfen nach Art straff geregelter Befehlshierarchien in Marsch zu setzen, sie sollten sich um Himmels willen nicht nach eigenen Plänen und in eigener Verantwortung ins Feld der Politik begeben.[1] Zwar beklagte die Müntefering-SPD von Zeit zu Zeit die bürgergesellschaftlichen Defizite und Egoismen der Deutschen. Aber der Führungsstil in der SPD trug selbst erheblich dazu bei, dass mehr und mehr Bürger sich als passive Zuschauer der Politik verstanden. Denn zu wirklicher Partizipation ließ man ihnen auch in der SPD keine Gelegenheit mehr. Man hielt Mitglieder und Sympathisanten vielmehr fern von allen tatsächlich folgenschweren Debatten und konstitutiven Entscheidungen über Inhalte, Spitzenpersonal, Bündnisfragen. So gewöhnten sie sich

---

1 Zur Tradition eines solchen Parteiverständnisses vgl. auch Genett, Timm 2008, »Einleitung: Robert Michels – Pionier der sozialen Bewegungsforschung«, in: Michels, Robert, *Soziale Bewegungen zwischen Dynamik und Erstarrung. Essays zur Arbeiter-, Frauen- und nationalen Bewegung*, hg. von Timm Genett, Berlin: Akademie-Verlag, S. 11-69, hier S. 47 ff.

dann daran, der Partei instrumentell zu begegnen, als launische Kunden oder als betrachtendes Publikum, nicht jedoch als engagierte Akteure.

Die sozialdemokratische Organisation – einst der ganze Stolz der Partei – wurde in dieser Zeit nahezu ruiniert. Am Ende zählte sie weniger Mitglieder als die »bürgerliche« CDU. Am stärksten fielen die Verluste bezeichnenderweise in den früheren industriellen Kernregionen und Hochburgen der Sozialdemokratie aus: im Saarland, in Nordrhein-Westfalen, in Bremen und in Hamburg.[1] Im Vergleich zu den goldenen sozialdemokratischen Jahren in der Ära des Bundeskanzlers Brandt war dort der Mitgliederbestand auf ein Drittel zusammengeschmolzen. Über 140 Jahre hatte es als Naturgesetz der Parteiensoziologie gegolten, dass die sozialdemokratische Parteienfamilie im Vergleich zu ihren bürgerlichen Pendants weit mitgliederstärker zu sein hat, hochzentralisiert mit solide ausgebautem Apparat.[2] Denn bürgerliche Parteien waren auf kleine Zirkel elitärer Honoratioren beschränkt, nur lose verbunden, ohne straffe Verbindlichkeiten. In den bürgerlichen Honoratiorenparteien kamen die angesehenen Größen der Lokalgesellschaft jeweils vor Wahlen zusammen, einigten sich dann bei Cognac und Zigarren in lockerer Runde auf einen Kandidaten, trafen sich im Laufe der Legislaturperiode nur noch dann, wenn akuter Bedarf bestand. Ein strenges Parteireglement wünschte man nicht. Die Bürger brauchten kein diszipliniertes Organisationskollektiv. Sie verfügten über ihre je eigenen, individuellen Ressourcen: Bildung, Besitz, Beziehungen.

Die unteren Schichten dagegen konnten aus solchen Quellen nicht schöpfen. Als Einzelne waren sie machtlos, waren Objekt im Machtraum der bürgerlichen Klasse. Sie waren, wollten sie Einfluss gewinnen, nahezu genötigt, sich zusammenzutun, Potenz durch Mitgliederhäufung herzustellen und über Organisa-

---

1 Zum Niedergang der NRW-SPD vgl. etwa Breuer, Helmut 2004, »Die Angst am Rhein«, in: *Die Welt* (3. Februar 2004).

2 Vgl. hierzu Nipperdey, Thomas 1961, *Die Organisation der deutschen Parteien vor 1918*, Düsseldorf: Droste.

tion abzusichern. Denn allein eine Fülle von Mitgliedern sorgte
für ausreichend materielle Beiträge, für die Mobilisierungsfähig-
keit einer Partei der industriellen Arbeiter. Auf die Masse kam es
an.

Dass diese Masse aber nicht amorph blieb, erratisch und ziellos,
dafür trug der sozialistische Funktionär Sorge. Hauptamtlicher
Funktionär in der Sozialdemokratie zu werden – das war in dieser Partei über viele Jahrzehnte eine attraktive Karriereperspek-
tive. Denn es war eine der wenigen Möglichkeiten des Aufstiegs,
die sich Industriearbeitern im ersten Jahrhundert der Industriegesellschaft boten: innerhalb der Organisation, die der Masse
dann insgesamt die soziale Emanzipation, gewissermaßen den
kollektiven Aufstieg verschaffen sollte.[1]

In den bürgerlichen Lebenswelten hingegen war der »Funktionär« verpönt, wenn nicht verhasst. Der Funktionär galt den etablierten Bürgern als personifizierte Bedrohung von Individualität und Freiheit; er erschien als der Organisator der rohen Masse,
als Strippenzieher des Umsturzes. Zwar wandelten sich auch die
bürgerlichen Honoratiorenparteien von ehedem – aus Furcht vor
den roten Bataillonen – mehr und mehr zu Organisationen und
Mitgliederparteien. Auch sie brauchten im Zuge dieses Prozesses
Parteiangestellte. Doch innerhalb des Bürgertums war das alles
andere als eine begehrte Position für die aufstrebenden und ehr-
geizigen Nachwuchsmenschen. Ihnen standen in der Geschäfts-
oder Bildungswelt weit reputierlichere Berufe zur Auswahl. Bis
in die siebziger Jahre wurden die Parteifunktionäre in bürgerlichen Parteien daher eher scheel angesehen, trugen nicht selten
das Stigma der Berufsversager.

In der SPD hingegen waren die Funktionäre die Privilegierten. In
der Regel genossen sie hohes Ansehen, waren die Vertrauens-
leute der Partei in den Quartieren der kleinen Leute. Ohne die-

---

1 Vgl. Schröder, Wilhelm Heinz 1995, *Sozialdemokratische Parlamentarier in den
deutschen Reichs- und Landtagen 1867-1933. Biographien, Chronik, Wahldoku-
mentation. Ein Handbuch*, Düsseldorf: Droste; ders. 1990, »Die Lebensläufe der
sozialdemokratischen Reichstagskandidaten«, in: Ritter, Gerhard A. (Hg.), *Der
Aufstieg der deutschen Arbeiterbewegung*, München: Oldenbourg, S. 185-217.

sen Typus hätte es weder eine Arbeiterbewegung noch eine starke Sozialdemokratie gegeben. Die Hochzeit der Industrialisierung zeichnete sich schließlich durch eine enorme Mobilität der Arbeitskräfte aus. In diesem dauerhaften Wechsel sorgten allein die Funktionäre des Sozialismus innerhalb ihrer Partei und Bewegung für Konstanz und Kontinuität. Sie hielten den Bestand aufrecht, vermittelten Erfahrungen weiter, auch wenn die Aktivisten und Mitglieder kamen und gingen. Der Funktionär war in diesen Jahrzehnten gleichsam »das Mädchen für alles«. Er war der rote Samariter, eine Mischung aus Prediger, Administrator und Sozialarbeiter der Organisation.

In der Ära Schröder-Müntefering wurde das Geschichte. Die SPD hatte im Laufe einer Dekade über 250 000 Mitglieder verloren; das »Offizierscorps« der Funktionäre war ausgezehrt, erschöpft, demoralisiert.[1] »Dieser Mangel an ›Basis‹, an stützender, sichernder Masse von Mitgliedern und Wählern, die ihr durch dick und dünn folgen, machte die Partei zu einem höchst instabilen Gebilde.«[2] So urteilte der Publizist Hermann Rudolph. Doch er schrieb diese Beobachtungen nicht 2009 nieder; sondern 1982. Und gemeint war damals nicht die SPD, sondern die FDP. Aber im folgenden Vierteljahrhundert war die SPD dem von Rudolph prägnant charakterisierten Parteitypus der früheren Liberalen recht nahe gekommen. Zumindest seit ungefähr zehn Jahren gehören Parteifunktionäre in der Fläche der Republik nicht mehr zu denen, die im Zentrum sozialdemokratischen Einflusses stehen. Die SPD war selbst zu einer Honoratiorenpartei der durch den Sozialstaat beförderten Aufsteiger geworden. Ihre Kerngruppe – Lehrer, Dezernenten, Referatsleiter etc. – verfügte inzwischen ebenfalls individuell über Ressourcen, die den früheren Drang zur Kollektivität entbehrlich machten. Eine hohe Zahl an Mitgliedern war längst nicht mehr das Ziel der sozial-

1 Vgl. besonders Mielke, Gerd 2004, »Zwänge und Chancen«, in: *Berliner Republik* H. 3/2004, online abrufbar unter: (www.b-republik.de/archiv/zwnge-und-chancen?aut=141) (Stand: 12. Februar 2009).

2 Rudolph, Hermann 1982, »Warum die Liberalen so sind, wie sie sind«, in: *Die Zeit* (24. September 1982).

demokratischen Prominenz. Eigenwillige Genossen störten eher die Oligarchie in Berlin. Auch ängstigte sich die neue Sozialdemokratie wie das alte Bürgertum vor der »Masse«, vor Demonstrationen, Streiks, Aufruhr. Schließlich fürchtet die gesellschaftliche Mitte von jeher die Unberechenbarkeit, das Aufbegehren der unteren Schichten. Und die SPD war eben zur Partei dieser – neuen – Mitte geworden.

Wohin es mit der SPD gehen könnte, deutet sich bei den sogenannten »Netzwerkern« in der SPD an.[1] Das »Netzwerk junger Abgeordneter Berlin« – wie es offiziell heißt – ist die dritte, jüngste und derzeit kleinste fraktionelle Gruppierung in der SPD-Bundestagsfraktion. Die offizielle Gründung fand im Januar 1999 statt, als nach dem stattlichen Wahlsieg der SPD 1998 mehrere junge Abgeordnete ins Parlament eingezogen waren, sich aber weder bei der »Parlamentarischen Linken« noch beim eher rechten »Seeheimer Kreis« gut aufgehoben fühlten. Beide wirkten auf die Newcomer wie Traditionskompanien der achtziger Jahre, mit festgezurrten Strukturen und zu Konventionen geronnenen Ritualen. Zunächst gehörten dem Netzwerk 14 Abgeordnete an; am Ende der Großen Koalition waren es 48.

Auffällig waren bei diesem Fraktionsflügel einige charakteristische Züge. Vor allem der Kern der Gründergruppe hatte das Licht der Welt in den sechziger Jahren erblickt. Die politisch einflussreiche Vorgängergeneration – die Schröders, Scharpings, Lafontaines, welche als »Enkel« oder zuweilen auch als »68er« firmierten – entstammte nahezu durchweg den 1940er Geburtsjahrgängen. Das große Defizit der SPD war und blieb das Jahrzehnt dazwischen, die fünfziger Jahre, in dem die späteren Ministerpräsidenten der CDU und vor allem die Zugehörigen der ersten Grünen-Generation geboren worden waren.

---

1 Hierzu und im Folgenden: Bartels, Hans-Peter 2001, »So weit – Zwei Jahre Netzwerk. Eine Zwischenbilanz«, in: *Berliner Republik* H. 1/2001, S. 27 ff.; Heil, Hubertus 2003, »Der vorsorgende Sozialstaat«, in: *Berliner Republik* H. 5/2003, S. 55 ff.; vgl. demnächst die Göttinger Dissertation Forkmann, Daniela 2010, *Das ›Netzwerk junger Abgeordneter Berlin‹ – ein generationsspezifisches Phänomen* (im Erscheinen); dies. 2007, »Konsens statt Konflikt. Das sozialdemokratische »Netzwerk junger Abgeordneter Berlin««, in: *Vorgänge* H. 4/2007, S. 67-76.

Mit der Kohorte Schröder/Scharping et al. war in erster Generation und oft, wie beschrieben, über einen mühseligen zweiten Bildungsweg die Akademisierung in die SPD eingedrungen. Mit den »Netzwerkern« verfestigte sich die akademische Dominanz zumindest unter den Mandatsträgern der Partei. Das Gros der Netzwerker hatte Eltern, die bereits über einen akademischen Grad verfügten. Die Netzwerker selbst hatten zu über 90 Prozent das Abitur und ein Hochschulstudium hinter sich gebracht; nicht wenige trugen den Doktortitel. Und markant für diese neue Generation und Gruppe in der SPD war, dass eine große Anzahl gleich nach dem Studium, ohne weitere Berufserfahrung, den Sprung in den Bundestag schaffte, früh und ohne gesicherten Rückzugsraum die Karriere als Berufspolitiker startete. Ihre existentielle Abhängigkeit von der Politik, vom Erfolg ihrer Partei war evident. Darin mochte einer der Gründe liegen, warum die »Netzwerker« den Beobachtern des Berliner Politikbetriebs als angepasst und willfährig gegenüber ihrer Fraktions- und Parteileitung erschienen.

Gerade weil den jungen sozialdemokratischen Abgeordneten so etwas wie eine gewachsene gesellschaftliche Erdung fehlte, mussten sie den Bezug zur sozialen Umwelt über gezielte Verbindungen erst herstellen, also dort Netzwerke konstruieren, wo die alte SPD noch Teil, Gestalter und Zentrum solcher lebensweltlicher Geflechte war. Aber die eher artifizielle Vernetzungsabsicht reichte nicht sehr weit. Die Kontaktkreise der jungen sozialdemokratischen Bundestagsabgeordneten waren im Wesentlichen auf die Hauptstadt beschränkt, auf das Regierungs-, Medien- und Lobbyistenviertel in Berlin. Von dort kamen die meisten Referenten auf Netzwerk-Veranstaltungen. Besonders eng kooperierte das Netzwerk mit Vertretern der zahlreichen Thinktanks und Beratungsfirmen, die sich in Berlin nach 1999 in großer Fülle neu angesiedelt hatten. Die Berater- und Expertengläubigkeit der berufsunerfahrenen Jungabgeordneten war in der Tat beträchtlich.

Über diese oft geradezu kritiklose Affinität sickerten in den Jahren 2000 bis 2005 etliche der seinerzeit modischen, meist ganz oberflächlich rezipierten Versatzstücke eines wirtschafts- und sozialpolitischen Privatisierungs-, Deregulierungs- und Individualisierungsnarrativs in das Vokabular und den Forderungskatalog der Netzwerker hinein. »Wir sollten wegkommen von einem Staat«, tat etwa die stellvertretende Bundesvorsitzende und Netzwerkerin Ute Vogt im Oktober 2003 kund, »der die Bürger rundum versorgen will.«[1] Der Vorwurf der staatlichen Rundumversorgung und damit die Kritik am bisherigen sozialdemokratischen Wohlfahrtsverständnis galt bis Ende der neunziger Jahre noch als Alleinstellungsmerkmal des Alt- und Neuliberalismus in FDP und CDU. Das Gros der Netzwerker in der SPD gebrauchte nun das gleiche Vokabular wie etwa Otto Graf Lambsdorff oder Kurt Biedenkopf und Lothar Späth in ihren früheren Attacken gegen die Sozialdemokratie. Wettbewerb, Liberalisierung, Bürokratieabbau, schlanker Staat, Studiengebühren, kapitalgedeckte Altersvorsorge, das Einfordern individueller Leistungsbereitschaft bei Androhung von Sozialkürzungen – das alles kam Netzwerkern unbekümmert und flott über die Lippen.[2] Ihr Initiator und Anführer, Hubertus Heil, machte sich sogar für die sogenannte »Kopfpauschale«, also das gesundheitspolitische Konzept von Union und Freidemokraten, stark.[3]

Die Rhetorik der sozialdemokratischen Youngsters hier, die Sozialrealität der früheren Kernanhänger dort – das waren nun zwei auseinanderfallende Lebenswelten. Geradezu bezeichnend war, dass in der gleichen Ausgabe der Zeitung, in der das Interview mit Frau Vogt erschien, mehrere Sozialreportagen folgten, die auf geradezu bedrückende Weise die neuen Ängste in den unteren Schichten vor den Sozialreformen der Bundesregierung dokumentierten.[4] Übrigens fiel die SPD eine Woche später erstmals

1 Interview mit Vogt, Ute 2003, »Wir müssen uns für Reformen nicht entschuldigen«, in: *Süddeutsche Zeitung* (17. Oktober 2003).
2 Vgl. u. a. Hauer, Nina 2003, »Gerecht ist, was Chancen schafft«, in: *Frankfurter Rundschau* (18. August 2003); auch Gujer, Eric 2004, »Schröder auf der Suche nach neuen Themen«, in: *Neue Zürcher Zeitung* (6. Januar 2004).
3 Vgl. Heil, Hubertus 2006, »Gesund und gerecht «, in: *Die Welt* (31. Juli 2003); Lange, Christian 2006, »Ohne Freiheit ist alles nichts«, in: *Berliner Republik* H. 4/2006, S. 69 f.
4 Vgl. beispielhaft Näger, Doris 2003, »Vom Börsenmakler zum Pfandflaschensammler«, in: *Süddeutsche Zeitung* (17. Oktober 2003).

in der Geschichte des Politbarometers der Forschungsgruppe Wahlen unter die 30-Prozent-Marke.[1] Gewerkschaftliche Themen und Repräsentanten galten im Netzwerkbereich als »out«, als lästiger Anachronismus einer abgeschlossenen Epoche. Man sah jedenfalls kaum einmal Betriebsräte und Gewerkschaftsvorstände in den Zusammenkünften der nachwachsenden SPD-Elite. Schon habituell differierten diese beiden Segmente der früheren Arbeiterbewegung nunmehr erheblich. Auch formell gehörte jeder zweite Netzwerkabgeordnete keiner Gewerkschaft mehr an, was noch in der Zeit der Kanzlerschaft Helmut Schmidts schwer denkbar gewesen wäre.

Unbefangen gingen und gehen Netzwerker dagegen mit Vertretern aus dem Lager der Unternehmer um. Regelmäßig zu Wochenbeginn verschickt das Büro des Netzwerks über Mail an ca. 2500 Sympathisanten und Zugehörige eine »Veranstaltungsübersicht«. In den ersten Jahren trug die PDF-Datei noch den Titel »Partyplaner«, weil ganz überwiegend auf Festivitäten und Buffets hingewiesen wurde. Politische Positionen drangen in den seltensten Fällen über den Verteiler der Netzwerkzentrale in die Republik. Egal, wie elend der Zustand der SPD auch war, wie verheerend die Niederlagen der Partei bei Wahlen ausfielen, wie leidenschaftlich über die chronische Führungskrise der SPD debattiert wurde, die Internetkommunikation der jungen SPD-Volksvertreter konzentrierte sich allein darauf, ihre Adressaten auf Veranstaltungen aufmerksam zu machen, auf Konferenzen – und nicht zuletzt auf öffentliche Belustigungen der Versicherungs- und Energiekonzerne, der Tabakindustrie und Hausbesitzerverbände. Für die eigenen Partys, die in Berlin durchaus gerühmt wurden, bedienten sich Netzwerker auch gerne der finanziellen Förderung dieser Unternehmen. Bislang ist nicht versucht worden, empirisch zu erhellen, inwieweit solche materiellen Zuwendungen Einfluss auf die politischen Positionen hatten. Was weiterhin bei den Netzwerkern irritierte, war ihre manifeste Antriebslosigkeit, ihr Mangel an Leidenschaft und Tempera-

1 Vgl. o.V. 2003, »SPD erstmals unter der 30-Prozent-Marke«, in: *Süddeutsche Zeitung* (25. Oktober 2003).

ment, ihr »kommodes Arrangement im Rahmen der herrschenden Verhältnisse«.[1] Spannung kam bei ihren Diskussionen nicht auf, keine Schärfe, kein Feuer, kein Biss. Sie rangen nicht um Positionen. Die Netzwerker pflegten auf solche Einsprüche hin zu replizieren, sie wären nun mal keine Ideologen. Aber das war es nicht. Man kann sich schließlich auch ganz unideologisch über programmatische Perspektiven auseinandersetzen. Gerade in unideologischen Zeiten kommt es auf Maßstäbe, Wertorientierungen und Prioritäten an, um dem eigenen Tun Struktur, Richtung und Norm zu geben. In der ideologiekritischen »skeptischen Generation«, die den »68ern« vorangegangen war, hatten sich ihre öffentlichen Intellektuellen einen »moralisch begründeten Pragmatismus« (Günter Gaus) zum Prinzip gemacht. Doch daran mangelte und mangelt es den Netzwerkern. Indes: All das gilt kaum weniger für die gegenwärtige »parlamentarische Linke«, die gleichermaßen in erster Linie ein Geselligkeitsclub für vereinsamte Abgeordnete ist, die aber seit zwei Jahrzehnten kein programmatisches Dokument von Gewicht mehr hervorgebracht hat. Niemand dort hat eine kraftvolle und kohärente Orientierung diesseits der technokratisch-produktivistischen Chancenrhetorik entwickelt. Und die Sozialdemokraten des traditionell rechten Flügels (»Seeheimer Kreis«) hegen sowieso keinerlei programmatischen Ehrgeiz, definieren sich geradezu durch ihre dröhnende Antiintellektualität. Originäre Ideen sind es nicht mehr, welche die Sozialdemokratie als eine potentiell historische Bewegung mit geschichtlicher Aufgabe inspirieren und antreiben.

Demgegenüber war der klassische Sozialismus noch die Ideologie der ambitionierten Zukurzgekommenen. Hierunter waren viele Menschen mit großen Begabungen, waren ehrgeizige Kraftnaturen, die es nach oben drängte, die die Blockaden auf dem eigenen Lebensweg mit aller Kraft wegräumen wollten. Daraus speisten sich der Machtwille, die Härte, die Zielstrebigkeit so-

1 Seitz, Norbert 2009, »Der Überlebenskampf der SPD als Volkspartei«, in: Kronenberg, Volker/Tilman Mayer (Hg.), *Volksparteien: Erfolgsmodell für die Zukunft?*, Freiburg im Breisgau: Herder, S. 26-42, hier S. 30.

zialdemokratischer Anführer von August Bebel bis Herbert Wehner. Der parlamentarische Nachwuchs, der in der SPD folgte, war überwiegend schon in zweiter oder dritter Generation akademisch. Ihm fehlte die Erfahrung der Benachteiligung und der Demütigung. Ihm fehlte infolgedessen auch der elementare Drang, sich durch Kritik an quälenden Verhältnissen zu profilieren, es sozial überlegenen Gegnern durch überlegene Leistungen zeigen zu wollen. Die neue Generation sann erst recht nicht mehr auf eine »Gegenwirklichkeit«, wie es die blockierten Zukurzgekommenen getan hatten, sondern war Wächter der herrschenden Rationalitäten geworden. Aus Utopisten werden im Verlauf erfolgreicher Kämpfe ihren Positionsgewinn verteidigende »Akkomodisten«, wie es Werner Sombart den Sozialdemokraten schon vor etlichen Jahrzehnten prognostiziert hatte.[1]

Diese Gruppe – oft als »Modernisierer« tituliert – setzt nicht mehr auf die Vertretung des Souterrains. Sie nimmt Abschied von Willy Brandts weitem, aber eben auch extrem schwierigem sozialem Bündnis. Ohne Zweifel gibt das den Sozialdemokraten die Chance, künftig programmatisch konsistenter aufzutreten, fortan bei den Gewinnern, den Starken, den Chancennutzern dabei zu sein. Die Agendapolitik von Schröder war gewissermaßen der *point of no return*. Seither beziehen sich die Sozialdemokraten zuallererst auf diejenigen Schichten und Gruppen der Nation, die über hinreichende Ressourcen an Wissen und subjektiver Energie verfügen, die das Tempo des von der Exekutive induzierten sozialen und ökonomischen Wandels mithalten können, für die der Appell zum lebenslangen Lernen in der Tat ein spannendes Versprechen auf eine interessante, abwechslungsreiche Zukunft bedeutet.

Diese »neue SPD« will nicht mehr in erster Linie als politische Arbeiterwohlfahrt, nicht hauptsächlich mehr als sorgender Samariter hilfloser kleiner Leute wahrgenommen werden. Die »neue SPD« setzt auf die aufgestiegenen Leistungsträger, auf diejeni-

---

1 Zit. nach Brocke, Bernhard vom 1972, »Werner Sombart«, in: Wehler, Hans-Ulrich (Hg.), *Deutsche Historiker*, Bd. 2, Göttingen: Vandenhoeck & Ruprecht, S. 130-148, hier S. 140.

gen, die ausreichend Kraft, Selbstbewusstsein, Disziplin aufbringen, um durch Bildungsanstrengungen und emsige Bereitschaft zum *self employment* individuelle Chancen zu nutzen. Natürlich: Auch die Aufsteigermitte befindet sich derzeit in einer labilen Existenz, fürchtet sich vor Unsicherheit, sorgt sich, ob sie den sozial erworbenen Status künftig wird halten können. Aber das macht sie nicht automatisch kommunitaristisch oder solidarisch, sondern weckt keineswegs selten die ganz natürlichen Besitzstandswahrungsinstinkte und Abschließungstendenzen nach unten, durch die sich mittlere Klassen historisch von jeher auszeichnen.

Von den altbürgerlichen Formationen unterscheidet sich diese »Neu-SPD« dadurch, dass sie streng auf Prämierung durch Leistung diesseits von Stand und Klasse zielt, dass sie also die Elitenrekrutierung von gesellschaftlichen Herkunftsprivilegien strikt abkoppelt – und dadurch »gerecht« ist. Im Übrigen aber strebt sie vor allem die Koalition mit den bürgerlichen Parteien – was Liberale, Christdemokraten und Grüne einschließt – an, weil allein dadurch wirtschaftliche Innovation und Dynamik zu erreichen seien. Doch steht diesen prononcierten Neueren auch weiterhin eine gemäßigt traditionalistische Gruppe gegenüber, die das klassische Kooperationskonzept von Mitte und Unten im Rahmen einer Volkspartei der »linken Mitte« nicht aufgeben will. In den Landesverbänden findet diese Vorstellung einige Unterstützung, da die Sozialdemokraten künftig nur dann noch Ministerpräsidenten zu stellen vermögen, wenn sie den volksparteilichen Anspruch nicht vollends ad acta legen. In diesem Teil der Partei wird sowohl aus normativen wie auch aus machtpolitischen Gründen eine Regierungsallianz mit der Linkspartei durchaus ins Kalkül einbezogen.

Doch in aller Offenheit ist der innersozialdemokratische Zwist darüber bislang kaum ausgetragen worden. Während der Depression nach den Bundestagswahlen 2009 wurde in der SPD die Existenz von Grünen und Linken häufig als Spaltung und Schwächung des eigenen Lagers beklagt. Doch ganz richtig war das nicht. Blicken wir zurück auf die Gründungsgeschichte der

Grünen. Für die Sozialdemokraten bedeutete das auch damals, in den frühen achtziger Jahren, eine fatale »Spaltung der Linken«. Und noch in den folgenden zwanzig Jahren betrachteten etliche SPD-Funktionäre die Grünen als die ungezogenen, verwöhnten Kinder der großen sozialdemokratischen Kernfamilie. In der Tat speisten sich die Anfangserfolge der Ökopartei vom Fleisch des SPD-Elektorats. Dadurch dezimierten sich die sozialdemokratischen Wähleranteile beträchtlich; die Partei rutschte ab 1983 wieder unter die 40-Prozent-Marke, büßte infolgedessen die Regierungsfähigkeit ein.

Aber die Grünen waren von Anfang an zugleich auch ein soziokulturell genuin bürgerliches Projekt, eine Partei erst der Studenten, dann der akademischen Humandienstleister.[1] Und als bürgerliche Formation erzielten sie bald erhebliche Erfolge in bürgerlichen Wohnquartieren, in Professorenvierteln, bei Chefarztkindern, Apothekerehefrauen, Lehrerehepaaren. Das hat die FDP seinerzeit, die zuvor in diesen wohlständigen Milieus reüssierte, in den achtziger und neunziger Jahren erheblich beschädigt, hat sie damals flächendeckend unter die 5-Prozent-Hürde gedrückt, hat der CDU auf diese Weise in vielen Bundesländern den entscheidenden Koalitionspartner genommen – und hat schließlich zur Minderheitenposition des altbürgerlichen Lagers 1998, 2002 und auch 2005 auf der nationalen Ebene geführt. Die proletarisch-kleinbürgerliche SPD wäre allein nie mit Erfolg in die bürgerlichen Lebenswelten und Villengegenden eingedrungen. Sie brauchte dafür einen links-bürgerlichen Partner, der neue Stimmen rekrutierte, welche man dann mit den eigenen arbeitnehmerischen Voten zur neuen Majorität von Rot-Grün addieren konnte. Durch die Spaltung der Linken hatte sich deren soziales Spektrum folglich erweitert, war auch die traditionelle politische Isolation der Sozialdemokratie durchbrochen. Die Koalitions- und Bündnismöglichkeiten der Linken hatten sich historisch vermehrt. Kurzum: Eine Auffächerung der politischen Spektren muss a priori kein Nachteil sein. Doch kommt es

1 Vgl. hierzu auch Walter, Franz/Tobias Dürr 2000, *Die Heimatlosigkeit der Macht. Wie die Politik in Deutschland ihren Boden verlor*, Berlin: Fest, S. 47 ff.

dann auf die Bündnisfähigkeit an. Daran mangelte es der SPD gegenüber den Grünen Ende der achtziger Jahre. Damit hat sie auch gegenwärtig ein Problem gegenüber der Linken. Und die Allianz mit den Grünen ist seit 2007 ebenfalls keine sozialdemokratische Domäne mehr, wie Hamburg und das Saarland zeigen.

Mit der Existenz der Linken wird die SPD nun ebenso rechnen müssen wie mit dem Bestand der Grünen. Denn die Sozialdemokraten haben sich, wir sahen das bereits, von ihren sozialen Ursprüngen forttransformiert. Die SPD der Gegenwart ist nicht mehr dort am stärksten, wo die Wohnverhältnisse bescheiden bis schlecht sind, die Einkommen besonders niedrig liegen, das Bildungsniveau gering ausfällt. In die von den Sozialdemokraten verlassene Welt der sozialen Untergeschosse drang dafür seit 2005 die neue Partei Die Linke ein. Auch dieses Mal reagierten die Sozialdemokraten zunächst beleidigt, reklamierten für sich ein Monopol auf die Repräsentanz der Arbeiterbewegung und des Sozialismus. Dabei hat sich die SPD von beiden längst entfernt. Und so hat es für die Sozialdemokraten auch mehr Sinn, anzuerkennen, was aus ihnen tatsächlich geworden ist: nämlich eine Formation der neuen, gemäßigt linken gesellschaftlichen Mitte. Doch gerade wenn man diesen Weg einer Partei der neuen Mitte nach vielen Zögerlichkeiten und Skrupeln konsistent und unverklemmt fortsetzen möchte, braucht man ein ebenso kühl-realistisches Verhältnis zu einer Partei links von sich selbst, die nicht einfach wieder verschwinden wird. Denn schließlich profitiert auch eine Mitte-Links-Partei von einer politischen Kraft, die dem Neuliberalismus oder gar einem Rechtspopulismus wie in anderen europäischen Ländern die Unterschichten nicht überlässt. Denn: Eine SPD der neuen Mitte ist zur Integration des unteren Fünftels der Gesellschaft nicht mehr in der Lage. Und eine Partei der neuen Mitte kann ihren Modernisierungskurs nur dann als stringentes und handlungsstarkes Projekt weiter vorantreiben, wenn sie den Lafontainismus nicht mehr parteiintern einzubinden braucht. Man wäre dann zwar nicht mehr Volkspartei. Aber man muss deshalb in einem Vielparteiensystem nicht zwingend an Macht verlieren – wenn man hinreichend allianzfähig ist, also über genügend politisches Geschick für Partnerschaften verfügt. Das muss keine Einbahnstraße in Richtung rot-roter Bündnisse sein. Doch eine der koalitionspolitischen Routen wird es werden, wie man in allen Ländern beobachten konnte, die schon seit längerem mit linkssozialistischen Sozialstaatsparteien zu tun haben. Auch davon war bereits die Rede: In Norwegen amtierte von 2005 bis 2009 gar eine Linkssozialistin als Finanzministerin; in Dänemark und Schweden haben sich die Sozialdemokraten zuletzt mit den linkssozialistischen Parteien in der Opposition zu festen Allianzen mit dem Ziel der gemeinsamen Regierungsübernahme zusammengetan.

Noch dominiert in der deutschen Wählerschaft der Argwohn. Andererseits aber zeigte die Kommentarlage nach den Landtagswahlen Ende August 2009, als die Linken in Thüringen und dem Saarland zu den Gewinnern zählten und Regierungspartner zu werden schienen, dass sich die Furcht vor der Gysi-Partei mittlerweile doch in Grenzen hält. Ein Grund dafür ist sicher, dass die neue Linke eher ältlich erscheint. Ihre Repräsentanten wirken nicht wie virile Kämpfer, bei denen man argwöhnen muss, dass sie demnächst mit Pflastersteinen und roten Fahnen das Kanzleramt oder die Deutsche Bank stürmen. Die parlamentarischen Vertreter der Linken sind wie ihre Wähler größtenteils um die fünfzig Jahre und älter. Das Haar ist grau und schütter, die Gesichter wirken eher melancholisch denn fanatisch. Es ist nicht mehr der Typus Rudi Dutschke oder Fritz Teufel von 1968, untergehakt auf eine Polizeikette zustürmend, der das Bild der Linken 2009 beherrscht. Die Linke ist nicht sonderlich progressiv, will die Institutionen nicht mehr zerschmettern, die Vergangenheit nicht überwinden – sondern eher bewahren. Aber die Sozialdemokraten marschierten seit etwa 1999, verstärkt seit 2003 strikt in die andere Richtung – was letztlich ja erst die Konstituierung der Linken bedingte und legitimierte. Und die Vorbehalte der Anhänger der Linken gegen die neue Sozialdemokratie sind nach wie vor stark ausgeprägt. Nur 18 Prozent der Sympathisanten der Linken – aber 20 Prozent der CDU/CSU- und 35 Prozent der Grünen-Anhänger – gaben im Herbst 2009 an, sie könnten sich vorstellen, die SPD zu wählen.[1] Eine selbstverständliche Affinität, die zu einer denkbar leicht einzufädelnden Allianz zwischen zwei Parteien aus der Tradition der Arbeiterbewegung des 19. und 20. Jahrhunderts führen könnte, existiert nicht.

Einige Lernvorgänge müssen in der Sozialdemokratie also stattfinden. In auch normativer Absicht könnte man folgende Punkte nennen: Die SPD hat anzuerkennen, dass sie weder die Mutter noch die alleinige politische Repräsentanz des Spektrums links von der Mitte ist. In der politischen und sozialen Landschaft werden sich auch weiterhin die Kräfte vermehren, die gesellschaftlich Einfluss zu nehmen versuchen und die nicht dadurch verschwinden, dass man ihre Legitimität infrage stellt. Die Zeit der politischen Monopole für spezifische soziale Lager dürfte vorbei sein; die Fähigkeit zum Bündnis wird zur elementaren Tugend.

Die Anführer der SPD sollten ihren entwertenden Umgang mit den eigenen Mitgliedern, Multiplikatoren, Anhängern überdenken. Mit Ausnahme der letzten sechs Wahlkampfwochen waren diese Gruppen für die SPD-Spitze in den letzten Jahren nicht mehr sonderlich wichtig. Man hatte keine Aufgabe für sie, nahm ihre Einstellungen nicht allzu ernst, nutzte auch nicht deren keineswegs unbeträchtliche Kompetenzen. Entscheidungen wurden oben im Arkanbereich getroffen, nahezu nach feudaler Machart dekretiert.[2] Schröder kürte 2004 mit der Verkündung seiner Demission Müntefering, einem ostelbischen Gutsherrn gleich, zu seinem Nachfolger im Parteivorsitz. Der im September 2008 am Schwielowsee von einer kleinen Gruppe zum Kanzlerkandidaten lancierte frühere Büroleiter Schröders, Frank-Walter Steinmeier, wiederum hievte Müntefering per Telefonanruf ein weiteres Mal an die Spitze der SPD. Dass in dieser traditionsreichen Partei, die als erste politische Formation überhaupt die Demokratie schon in der zweiten Hälfte des 19. Jahrhunderts als

1 Vgl. Petersen, Thomas 2009, »Das Potential der Volksparteien«, in: *Frankfurter Allgemeine Zeitung* (30. September 2009).
2 Hierzu auch Schmid, Thomas 2009, »Franz Müntefering und die Liebe zur Opposition«, in: *Welt am Sonntag* (21. Juni 2009).

Strukturprinzip des innerorganisatorischen Aufbaus eingeführt hatte, die demokratische Willensbildung so gleichgültig übergangen wurde, gehörte zu den traurigsten Deformationen in der Ära Schröder-Müntefering-Steinmeier. Wie apathisch auf der anderen Seite inzwischen die Stimmung in der Mitgliedschaft geworden war, sah man im Frühjahr 2007, als sich nur 7,1 Prozent der organisierten Sozialdemokraten an der Fragebogenaktion zum Entwurf des Parteiprogramms beteiligten.[1]

Natürlich wäre es kein Allheilmittel gegen sämtliche Gebrechen, dennoch sicherlich eine wirksame Maßnahme, wenn die Kandidaten der Sozialdemokratie künftig durch das Säurebad eines großen demokratischen Nominierungsprozesses gehen müssten. Bei diesen Plebisziten wären die Kandidaten gezwungen, schon im Überzeugungskampf um die Mitglieder Profil und Kontur zu zeigen – und nicht erst, wie im Fall von Steinmeier, als plötzliche Spitzenkandidaten im Bundestagswahlkampf selbst.

Zu guter Letzt ist zu klären, was die SPD eigentlich will. Alle Organisationsreformen, alle neuen Leute an der Spitze allein werden nicht das Geringste bewegen, wenn die Partei nicht Erkenntnis darüber erlangt, wer sie ist, für wen sie Politik machen will, auf welchem Wege, zu welchem Ziel und mit welchen Weggenossen. Will die SPD die linke Volkspartei der mittleren und unteren Schichten bleiben bzw. wieder werden, oder will sie als Partei der neuen Mitte den Schwerpunkt auf ressourcenstarke Arbeitnehmer mit Qualifikationsehrgeiz legen? Die SPD dürfte diesen Klärungsprozess anders als in früheren Jahren nicht als Scharmützel von Fraktionscliquen führen, sondern als eine wirklich ernsthafte Auseinandersetzung gesellschaftsbezogener Strömungen. Und man wird beobachten müssen, ob sie den merkwürdigen Antiintellektualismus überwindet, der in den letzten Jahren in dieser Partei um sich gegriffen hat. Selbst die CDU hat sich zuletzt mehr Rat von unabhängigen Köpfen gesucht als die Planer und Strategen im Willy-Brandt-Haus, die sich eigentümlich introvertiert selbst genügten.

1 Vgl. Scherer, Klaus-Jürgen 2007, »Editorial«, in: *Perspektiven des Demokratischen Sozialismus* H. 25/2007, S. 5.

Die SPD wird gewiss über die Substanz ihres Führungspersonals zu reden haben, aber gewiss ebenso über die demokratischen Verfahren ihrer Elitenauswahl, dazu über ihren programmatischen Kern, über die strategische mittlere Strecke, über die Bündnis- und Machtperspektive. All diese Teile gehören zusammen. Die übliche Monofixierung auf Personal und Prominenz dagegen dürfte bei weitem nicht ausreichen. Sonst würde die Depression chronisch.

Muss man demnach also davon ausgehen, dass sich die Krise der Sozialdemokratie fortsetzt? Oder anders und schärfer gefragt: Ist der Begriff der Krise nicht längst viel zu harmlos? Mit einer Krise verbindet sich stets die Hoffnung auf ein Ende einer zwischenzeitlichen Störung, auf Heilung und Kräftigung nach dem Stadium zehrenden Fiebers.[1] Doch könnte es möglicherweise sein, dass das, was jetzt Krise genannt wird, mittlerweile gar nicht mehr eine Unterbrechung der »normalen« Entwicklung ist, sondern längst »Normalität«? Soziale Bewegungen entstehen, sie erleben ihre Blütezeit – und sterben dann allmählich ab, ganz ähnlich wie wir es aus der Natur kennen.[2]

Auszuschließen ist das nicht. Doch darf man gewiss nicht jede Veränderung umstandslos zur Krise oder gar zum Menetekel stilisieren. Parteien wandeln sich, verändern sich, passen sich neuen Umweltbedingungen an. Das führt oft zu Friktionen, Unsicherheiten, auch Verwerfungen. Aber die Parteien gehen deshalb nicht sogleich unter, sondern entwickeln sich dadurch häufig den Zeiten entsprechend weiter. Würden sie das nicht tun, würden sie hartnäckig so bleiben wollen, wie sie zuvor gewesen sind, auch wenn die exogenen Konstellationen sich grundlegend verschoben haben, dann, ja dann müssten sie wohl wirklich von der Bühne abtreten. Insofern braucht der erhebliche Mitgliederschwund, braucht der Bedeutungsverlust des Organisationsfunktionärs, die Minderung des konsistenten programmatischen Sinns,

1 Vgl. Schnurr, Günther 1990, »Krise«, in: Müller, Gerhard (Hg.), *Theologische Realenzyklopädie*, Bd. 20, Berlin: de Gruyter, S. 61-65.

2 Hierzu etwa Oppenheimer, Franz 1920: »Zur Soziologie von Krisenzeiten«, in: *Die Neue Rundschau* 31/H. 2, S. 1125-1240.

die Schleifung von Hochburgen am Ende gar keine Katastrophe zu sein. Mitgliederverluste und die Organisationserosion der SPD lassen sich aus einer anderen Perspektive auch anders, freundlicher bewerten. Große Organisationen setzen sich nicht selbst aufs Spiel, scheuen das Risiko, sind vorwiegend am Selbsterhalt interessiert – nicht an dynamischen Veränderungen, stürmischen Aktivitäten. Etliche Sozialwissenschaftler und Historiker haben darauf aufmerksam gemacht, dass an Mitgliedern arme Organisationen oft effizienter und stringenter agieren als mitgliedsstarke. »In kleinen, zentripetal organisierten Gruppen«, so etwa der große Soziologe Georg Simmel, »werden im Allgemeinen alle Kräfte aufgeboten und genutzt, während in großen Gruppen Energien oft ungenutzt bleiben.«[1]

Und: Auch das christdemokratisch-liberale Lager wird in den nächsten Jahren einen vergleichbaren Verschleiß an traditionsgestützten Reserven erleben. Die SPD wird währenddessen nicht unbedingt ihre Baisse der letzten Jahre kontinuierlich fortsetzen. Sie wird wieder stärker auf Fairness- und Gerechtigkeitsslogans, die ja gerade auch in der Leistungsmitte durchaus Resonanz finden, zurückgreifen. Renate Köcher hat Ende Oktober 2009 in ihrer monatlichen Analyse für die *Frankfurter Allgemeine Zeitung* deutlich gemacht, dass das Anliegen der sozialen Gerechtigkeit, angemessene Löhne, solide Renten, Chancengleichheit, eine ordentliche Gesundheitsversorgung ohne Zwei-Klassen-Medizin, ganz oben auf der Prioritätenliste der Bundesbürger steht.[2] Das mag der SPD bei den Unstimmigkeiten in der Regierungspolitik der derzeitigen Koalition mindestens fallweise wieder nutzen. Aber ob die konjunkturellen Erholungen in den Talsohlen der gegnerischen Parteien, ob der gerade laufende Generationswechsel in der SPD zu einer kräftigen Regeneration und strahlenden Renaissance des Sozialdemokratischen auch in der nachindustriellen Gesellschaft führen werden oder ob wir

1 Simmel, Georg 1908, *Soziologie. Untersuchungen über die Form der Vergesellschaftung*, Berlin: Duncker & Humblot, S. 47.
2 Köcher, Renate 2009, »Die Chancen der SPD«, in: *Frankfurter Allgemeine Zeitung* (28. Oktober 2009).

nicht doch gegenwärtig einen historischen Abschied zumindest von der genuinen sozialdemokratischen Emanzipationsbewegung erleben – das ist so gewiss nicht. Zeugen einer »transformation silencieuse«, wie es der französische Philosoph François Jullien genannt hat, sind wir in jedem Fall.[1]

1 Jullien, François 2009, *Les transformations silencieuses*, Paris: Grasset; vgl. ders. mit demselben Titel auch in: *Le Monde* (21. Juli 2009).

7. Fragile Perspektiven
Verlorenes Vertrauen und
erschöpfte Solidarität

Wenn Sozialdemokraten an der Gegenwart leiden, zitieren sie mit Vorliebe die Geschichte – ihre Geschichte. Sie erinnern dann stolz an ihre tapfere Opposition zu Bismarck, referieren aus der Rede von Otto Wels am 23. März 1933, als er die sozialdemokratische Ablehnung des NS-Ermächtigungsgesetzes begründete. Auch Sigmar Gabriel benutzte diese Rezeptur zur Selbstmassage verwundeter sozialdemokratischer Seelen in seiner Antrittsrede auf dem Dresdner Parteitag am 13. November 2009. Die Sozialdemokraten lieben diese Momente, beklatschen sich dann euphorisch selbst. Aber sie beschädigen sich damit auch. Denn sie tauchen in die Historie ein, um der Gegenwart zu entrinnen, ja: zu entfliehen. Sozialdemokraten möchten für einige Augenblicke wieder so sein dürfen, wie sie ursprünglich einmal waren: Kämpfer gegen die Unterdrückung, Bannerträger des sozialen Protests, furchtlose Gegner des bürgerlichen Klassenstaats.
Da aber die Sozialdemokraten dies alles in Teilen – wenngleich keineswegs immer und durchweg zuverlässig – tatsächlich einmal gewesen waren, konnten sie nicht so bleiben, wie sie ursprünglich begonnen hatten. Denn ihr Tun war ja nicht ohne jeden Erfolg. Die elenden Wohnverhältnisse der Frühindustrialisierung änderten, besserten sich sukzessive.[1] Die erbarmungslos langen Arbeitszeiten während des zweiten Drittels des 19. Jahrhunderts verringerten sich durch den Kampf von Gewerkschaften und Partei peu à peu. Das Zensuswahlrecht in Preußen und einigen anderen Ländern sowie in den Kommunen blieb nach 1918 nicht bestehen. Die Aktivisten der Sozialdemokratie selbst kletterten in diesem Emanzipationsbemühen, wir haben häufig davon geschrieben, einige Sprossen höher, gewiss nicht ganz nach

1 Vgl. hierzu Wehler, Hans-Ulrich 1995, *Deutsche Gesellschaftsgeschichte Band 3: Von der »Deutschen Doppelrevolution« bis zum Beginn des Ersten Weltkrieges. 1849-1914*, München: Beck, S. 780 ff.

oben, aber doch ein gutes Stück vom unteren Ende fort. Als Outcast, der nur seine Ketten zu verlieren hatte, brauchte sich ein sozialdemokratischer Funktionär und Mandatsträger im Fortschritt der bundesdeutschen Gesellschaftsgeschichte nicht mehr zu fühlen. Und er tat es auch nicht. Sozialdemokraten propagierten infolgedessen schließlich nicht länger den militanten Klassenkampf, sondern Versöhnung statt Spaltung, soziale Partnerschaft statt antagonistischer Gegensätze, Inklusion statt Ausgrenzung.

Doch wer versöhnt ist, einbezogen, integriert und pazifiziert, kann schwerlich noch hellauf empört die rote Fahne auf den Barrikaden schwingen. Und er tut es auch nicht. Er predigt nun Mäßigung, nicht Konflikt. Er moderiert, spitzt nicht zu. Er sucht den Ausgleich, meidet die Polarisierung. Kurz: Er ist ein guter Sozialdemokrat des postproletarischen Zeitalters – und ihn plagt deswegen ein schlechtes Gewissen. Er vermisst sein früheres Ich, das er umso lauter rhetorisch nach außen reklamiert. Doch nährte sich der ursprüngliche Impetus der Sozialisten aus der anfänglich schreienden Not der industriellen Unterschicht. Der heilige und gerechte Zorn der Pioniere der Arbeiterbewegung zog seinen Antrieb aus der täglich erfahrenen Demütigung und Entwürdigung der Lohnarbeiterklasse in ihrer Konstituierungsphase. Das – und nicht unbedingt Barmherzigkeit oder ein gutes Herz – war der Humus der sozialistischen Solidarität: »Die Gemeinsamkeit nicht gesättigter Interessen ist«, so der Soziologe Robert Michels, »die Mutter sozialer Solidarität. Es besteht also ein nahes Verhältnis zwischen den sozialen Antagonismen und der partiellen Solidarität: die Intensität der Solidarität wächst oder sinkt je nach dem Wachsen oder Sinken der Antagonismen. In einem Milieu, in dem keine Antagonismen vorhanden wären, würde die Solidarität sich nicht entfalten können.« Michels spitzte es noch weiter zu: »Ich möchte den Hass insofern als die bedeutendste Triebfeder der Solidarität bezeichnen. Die Himmelsblume der Solidarität wächst und gedeiht bloß auf dem vulkanischen Boden der Interessengegensätze.«[1]

1 Michels, Robert 2008, »Zum Problem: Solidarität und Kastenwesen«, in: ders., *Soziale Bewegungen zwischen Dynamik und Erstarrung. Essays zur Arbeiter-,*

Aus der Leidenserfahrung formulierte sich das Solidaritätsziel der Sozialdemokraten: die sozialen Ursachen der Not zu beseitigen, die gesellschaftlichen Voraussetzungen der Subalternität der Handarbeiterklasse aufzuheben – zäh, schrittweise, mit langem Atem. Zug um Zug milderten sich die Kontraste, stellten sich sozialdemokratische Teilerfolge ein. Es schwanden so, durch sozialdemokratische Politik, die Ausgangsbedingungen, die den Sozialdemokraten Schwung und Leidenschaft mit auf ihren historisch langen Weg gegeben hatten. Im Grunde war das ja Anliegen und Ziel der Partei: die Dinge so zu verändern, dass Anlass für Empörung, Bitterkeit, Wut und Erregung für die unteren Klassen nicht mehr bestand. Als man diesem Ziel in den sechziger und siebziger Jahren nahekam, veränderte sich die Sozialdemokratie. Ihre Flammen loderten nicht mehr, denn das Brennmaterial selbst erlebter sozialer Ausgrenzung und politischer Ächtung stand – Bebel, Brandt und ihren Getreuen war es gedankt – kaum mehr zur Verfügung.[1] Der Himmelsblume fehlte der düngende Kompost. Als zwei Jahrzehnte später die Ursachen für Zorn und Aufbegehren zurückkehrten, konnten die Sozialdemokraten nicht mehr die Träger und Verbalisierer solcher Emotionen sein. Denn sie gehörten nicht zu den ersten Opfern der neokapitalistischen Härten, sie zählten, als Regierungspartei, zu den politischen Mitvollstreckern der neuen sozialen Ungleichheiten. Dieser Rollenwechsel sozialdemokratischer Akteure, durch erfolgreiche Emanzipation ihrer selbst, behagte ihnen nicht; und sie wehrten sich dagegen, sich die Transformation einzugestehen. Im Gegenteil: Mindestens in Wahlkämpfen traten sie wieder mit dem Gestus des Sprechers der Entrechteten auf, handelten dann allerdings gouvernemental ganz anders – und provozierten so tiefe Enttäuschung, verschärften damit die Entfremdung des »neuen Unten« von den Anführern des ehemals »alten Unten«, nun: der »Neuen Mitte«.

Frauen- und nationalen Bewegung, hg. von Timm Genett, Berlin: Akademie-Verlag, S. 127-134, hier S. 128.

[1] Vgl. auch Walter, Franz 2004, »Das Feuer lodert nicht mehr. Warum die Sozialdemokraten so ausgebrannt sind«, in: *Universitas* 59/H. 10, S. 1012-1021.

Die Sozialdemokraten hatten in den elf Jahren ihrer Regierungszeit das Vertrauen gebrochen, das gerade die unteren Schichten
ihnen 1998 noch entgegengebracht hatten. Vertrauen ist ein besonders elementares, aber auch hochfragiles Sozialkapital in
modernen Gesellschaften, in denen überlieferte Ligaturen nicht
mehr selbstverständlich verfügbar sind, der Bedarf nach Kitt und
Kohäsion durch die Ausdifferenzierung und Komplexitätsmeh-
rung aber stark angewachsen ist.[1] Niklas Luhmann hat bereits
1968 darauf hingewiesen, dass Vertrauen ein probates Instrument sein kann, die sprunghaft gestiegene Komplexität zu reduzieren und so den Alltag zu bewältigen.[2] Der Einzelne kann sich
in der Vielfalt nicht mehr hinreichend auskennen, vermag nicht
in jeder Frage kompetent zu entscheiden. Also muss er vertrauen
können. Er stattet andere mit einem Handlungskredit aus in der
Erwartung, dass ihn diese nicht enttäuschen.[3] Wer vertraut, ris-
kiert also einiges. Er liefert sich gewissermaßen auf Zeit den
Adressaten seines Vertrauens aus. Umso schlimmer wird er sich
betrogen fühlen, wenn der »Vorschuss«, den er gewährt hat, ver-
spielt ist, wenn er getäuscht, hereingelegt wurde. Man wird beim
nächsten Mal sehr viel zurückhaltender mit dem Vertrauen umgehen, wird gar generell Misstrauen hegen.[4] Für Organisationen,
die auf Langfristigkeit zielen, ist das eine brisante Stimmung,
die ihre Existenz gefährden kann. Der Entzug von Vertrauen
schwächt Bindungen und Kooperation. Vertrauen wieder aufzu-
bauen, dauert lange und braucht Stetigkeit, verlangt dann unbe-
dingte Verlässlichkeit. In dieser Situation befindet sich die SPD
des Jahres 2010.
Schwer wird sie es gerade bei den unteren Schichten haben. Die-

1 Vgl. hierzu und im Folgenden Schwan, Gesine 1990, »Politik ohne Vertrauen?
  Ideengeschichtliche und systematische Überlegungen zum Verhältnis von Politik und Vertrauen«, in: Haungs, Peter (Hg.), *Politik ohne Vertrauen*, Baden-
  Baden: Nomos, S. 9-30.
2 Vgl. Luhmann, Niklas 1968, *Vertrauen. Ein Mechanismus der Reduktion sozialer
  Komplexität*, Stuttgart: Enke.
3 Vgl. Tobler, Elsbeth 2002, »Über die Kunst, immer wieder Vertrauen zu fassen«,
  in: *Neue Zürcher Zeitung* (13. Juli 2002).
4 Vgl. auch Weßels, Bernhard 2005, »Wie Vertrauen verloren geht«, in: *WZB-Mitteilungen* H. 107/2005, S. 13-16, hier S. 16.

jenigen, die über die geringsten Ressourcen verfügen, sind am stärksten auf intakte Vertrauensverhältnisse angewiesen. Wird ihr Vertrauen missbraucht, stehen sie gänzlich entkleidet da, besitzen keine materiellen und psychischen Reserven mehr, um den Verlust zu kompensieren. Daher ist bei ihnen die Verbitterung über die SPD am größten. Vertrauen benötigt gesellschaftliche Sicherheit und die Erfahrung sozialen Ausgleichs, ja der Mentalität der Gerechtigkeit, damit die eigene Lebensplanung kalkulierbar wird.[1] Die alte Sozialdemokratie hat das, aus eigener Betroffenheit, gewusst und nach diesem Erfahrungsmaßstab politisch gehandelt. Die neuen Sozialdemokraten, nun mit eigenen individuellen Selbstständigkeitsressourcen ausgestattet, haben diesen vermeintlich konservativen Wert – legitimer – Sicherheitsbedürfnisse weggeblendet, gar verächtlich darauf hinabgesehen. Irgendwann spürten sie den wachsenden Argwohn ihrer früheren Klientel – und reagierten ihrerseits misstrauisch den Misstrauenden gegenüber.[2] Wo aber Vertrauen nicht nur nicht existiert, sondern in Misstrauen umschlägt, da wird der freie Umgang zwischen den Bürgern rasch beschränkt. Die Kontrolle ersetzt das verflüchtigte Vertrauen. Man überprüft, evaluiert und observiert all diejenigen, die nun jederzeit als potenzielle Schmarotzer, Trittbrettfahrer, Sozialbetrüger verdächtigt werden. Auch dies führte zum Ende der Ära Schröder-Müntefering.

Das Sozialdemokratische war der Lebensrealität unten in der Gesellschaft mehr und mehr entrückt. Es wusste davon nicht

---

1 Vgl. hierzu Offe, Claus 2001, »Wie können wir unseren Mitbürgern vertrauen?«, in: ders./Martin Hartmann (Hg.), *Vertrauen. Die Grundlage des sozialen Zusammenhalts*, Frankfurt am Main/New York: Campus, S. 241-294, hier S. 260; Schweer, Martin K. W./Barbara Thies 2005, »Vertrauen durch Glaubwürdigkeit – Möglichkeiten der (Wieder-)Gewinnung von Vertrauen aus psychologischer Perspektive«, in: Dernbach, Beatrice/Michael Meyer (Hg.), *Vertrauen und Glaubwürdigkeit. Interdisziplinäre Perspektiven*, Wiesbaden: VS Verlag für Sozialwissenschaften, S. 47-63, hier S. 58.
2 Vgl. Wohlgemuth, Michael 2005, »Politik und Emotionen. Emotionale Politikgrundlagen und Politiken indirekter Emotionssteuerungen«, in: Mummert, Uwe/Friedrich L. Sell (Hg.), *Emotionen, Markt und Moral*, Münster: LIT-Verlag, S. 359-392.

mehr viel, hatte keine Antennen, keine Seismographen mehr dafür. Im unteren Drittel, allmählich auch im Übergangsbereich
zum mittleren Drittel nahmen die Sorgen um das materielle
Sein während der sozialdemokratischen Regierungsjahre zu, die
Furcht vor der Instabilität der fluide gewordenen Verhältnisse.
Die Sozialdemokratie tat nichts dagegen. Stattdessen feierten ihre
prominenten Repräsentanten die Entsicherung und Entgrenzung
schutzversprechender Strukturen als befreiende Modernität, die
den Wohlstand der Nationen mehren würde. Die politische
Flankierung der Entwicklung überhöhten sie zur »Agenda« für
die Zukunft. Und sie lobten diese als eine der größten Reformen
in der bundesdeutschen Sozialgeschichte, als Ausbruch aus der
bundesdeutschen Trägheit in den unaufhaltsamen globalen Fortschritt. Diejenigen, für die man früher Politik gemacht hatte,
empfanden das Tag für Tag anders. Der Fortschritt war ihnen
Rückschritt in soziale Labilitäten und in Arbeitsverhältnisse, die
sie und ihre Familien nicht mehr hinreichend ernährten. Doch
merkten sie den Missstand unzufrieden an, wurde ihnen herrisch
entgegengehalten, dass man durch die Reformen massenhaft Jobs
geschaffen habe und dass jede Erwerbstätigkeit besser sei als
Nichtstun.
Auch das war verblüffend, wie sehr Sozialdemokraten, die in den
ersten Jahrzehnten ihres Daseins als Partei noch die Lohnarbeit
und Entfremdung explizit überwinden wollten, vergessen hatten, wie qualvoll und elend, wie würdelos manches Dienstver-
hältnis sein kann. Statt das zum Thema zu machen, lieferte man
bunte Begriffsluftballons, die vom Boden der Ein-Euro-Beschäf-
tigungen und Jobcenter aufstiegen. Der Vertrauensverlust der Sozialdemokratie beschleunigte sich noch durch diese Diskrepanz
zwischen ihren stets großspurigen Slogans, die Gutes verhießen,
und den ernüchternden Lebensbedingungen ihrer anfänglichen
Wähler, die erhebliche Verschlechterungen bilanzierten. Diese
Schere produzierte zunächst Wut, mündete dann in Resignation;
zurück blieben schließlich Gleichgültigkeit und Zynismus.
Alfred Pfaller hat jüngst in einer vergleichenden Analyse mehre-
rer europäischer Sozialdemokratien darauf hingewiesen, dass

es dieser Parteienfamilie mittlerweile an ideeller Überzeugungskraft mangele wie bislang noch nie nach 1945.[1] Ein nebulöser Pragmatismus habe sich stattdessen durchgesetzt und alle Ideenfindung paralysiert, da die Sozialdemokraten partout nicht mehr mit der Traditionalität identifiziert werden möchten, der sie seit den neunziger Jahren mit so vielen Anstrengungen entkommen sind. Die antitraditionalistische Sozialdemokratie bekannte sich demonstrativ zur Progressivität, auch zu allen vermeintlichen Segnungen des kapitalistischen Fortschritts. Die Entwicklung nach vorn wertete man nicht nur als unaufhaltsam, sondern als Schritt in die wünschenswerte Richtung. Der Fortschrittseifer der führenden Sozialdemokraten verschmolz mit der Entwicklung, wie sie sich real vollzog, denn nichts fürchtete man mehr als den Vorwurf, unzeitgemäß zu sein, den ewigen Don Quichotte der Politik zu geben, nicht an der Spitze, sondern in der Nachhut zu marschieren.

Die Sozialdemokraten befanden sich dabei durchaus im Einklang mit den interpretierenden und formierenden Eliten. Doch ein Großteil ihrer Anhänger blieb skeptisch, ließ nicht von der anthropologisch gesättigten Erfahrung, dass Fortschritt auch zerstört, dass er den einen Vorzüge bringt, den anderen aber Nachteile beschert, dass Bindungen dadurch gelockert, Risiken erhöht werden.[2] Warum sollten diejenigen, die mit der Optionsvirtuosität des oberen Drittels nicht überreichlich ausgestattet waren, Freude oder Begeisterung dabei empfinden? Weshalb sollten sie Schutz und Sicherheit als gering erachten, ihren Bedarf nach haltgebenden Organisationen und Institutionen gar als verächtlich, als vorgestrig denunziert sehen wollen, wie es der nie reflektierte Topos aller Globalisierungsideologen und ihrer Epigonen verlangte? Fortschritt war – das hatte sich in den juvenilen, mo-

1 Vgl. hierzu und im Folgenden Pfaller, Alfred 2009, »European Social Democracy – In need of renewal. Nine country cases & seven policy proposals«, online verfügbar unter: (http://library.fes.de/pdf-files/id/ipa/06867.pdf) (Stand: 4. Januar 2010).
2 Vgl. hierzu auch Fetscher, Iring 1980, *Überlebensbedingungen der Menschheit. Zur Dialektik des Fortschritts*, München: Piper; ders. 2007, *Für eine bessere Gesellschaft. Studien zu Sozialismus und Sozialdemokratie*, Wien: Lehner, S. 52 ff.

dernitätsstrotzenden Gesellschaften Europas der ersten Hälfte des 20. Jahrhunderts in Fülle gezeigt – schließlich in der Tat nie einfach der liebenswürdige, menschheitsverbessernde Ausdruck eines klugen und weisen Weltgeistes, wie es die Aufklärungsnaivität des 19. Jahrhunderts noch hatte glauben dürfen. Der entfesselte Fortschritt des 21. Jahrhunderts dürfte vielmehr zulasten von Sicherheit und Freiheit gehen, zumindest für die nachfolgenden Generationen.[1] Denn die Wucht der Fortschrittsdynamik legt irreversibel Entwicklungen fest, verengt dadurch die Freiheit der Nachgeborenen, ihre eigenen Entscheidungen zu treffen, einen anderen Pfad als den der Eltern und Großeltern wählen zu können. Es hätte mithin einige gute Gründe für die Sozialdemokraten gegeben, sich einen Teil ihrer Fortschrittsfragezeichen aus den achtziger Jahren zu bewahren – ohne pietistisch gefärbte Grämlichkeit oder bildungsphiliströs zelebrierten Weltekel, sondern als Brücke zu den geerdeten Bewahrungs-, Tradierungs-, Überschaubarkeits-, Sicherheits- und Innehaltensbedürfnissen derjenigen Menschen, die das als modern ausgegebene Nomadentum der globalen Klasse nicht unbedingt für einen erstrebenswerten Glückszustand halten.[2] In der Krise des grau gewordenen Neuliberalismus und in der durch die Modernisierung der CDU hinterlassenen Leerstelle des klassischen Wertekonservatismus hätte darin ja auch eine politische Gelegenheit bestehen können. Im Übrigen: Was vermag mehr den Eigensinn, die Freiheit und Würde selbstverantwortlicher Bürger zum Ausdruck zu bringen als ihr trotziges Votum gegen den »Sachzwang« objektivierter Eigenverläufe von Technik, Wirtschaft oder Bürokratie?

Zugegeben: Eine politische Partei mit einem solchen Credo müsste gewiss ein höhnisches Echo aus den veröffentlichten Meinungen gewärtigen. Sie wäre fortan als Bremser jeglichen Fortschritts abgestempelt. Großen Aufwand hätten die Befürworter

---

1 Vgl. etwa Spaemann, Robert 1994, »Unter welchen Umständen kann man noch von Fortschritt sprechen?«, in: ders., *Philosophische Essays*, erweiterte Ausgabe, Stuttgart: Reclam, S. 130-150.
2 Hierzu ausgewogen auch Taylor, Charles 1995, *Das Unbehagen an der Moderne*, Frankfurt am Main: Suhrkamp, S. 125 f.

des neokapitalistischen Determinismus hierbei nicht zu betreiben, da sie im Kampf um die Hegemonie der Begriffe bereits viel mediales Terrain okkupiert haben. Die Ausdeutung von »Fortschritt«, »Reformen«, »Freiheit«, »Bürgerlichkeit« haben sie seit den siebziger Jahren systematisch verfolgt – und die Sozialdemokraten sind ihnen mit einigen Jahren Verspätung bei nur schwächlicher Resistenz stets gefolgt. Am Ende war die Sozialdemokratie semantisch und ideell enteignet. Am Ende konnte sie nicht den geringsten Beitrag leisten, die gegenwärtige Krise des Neoliberalismus herbeizuführen oder zu nutzen. Am Ende hatte sie nicht einmal Ansätze eines Gegenkonzepts, eines alternativen Paradigmas zur im Grunde diskreditierten Ideologie des anderen Lagers in der Hinterhand. Größer könnten die Differenzen zu den siebziger Jahren nicht sein. Damals standen die einen – die Keynesianer – in der Krise ihres Wirtschaftsmodells ratlos da, während ihr politisches Gegenüber mit einem ausgefeilten, in sich stimmig durchkomponierten Kontrastentwurf die Herrschaft über die Köpfe der Bürger anstrebte. Heute sind die einstigen Gegner selbst in die Krise geraten – und die Sozialdemokraten können ihnen konzeptionell wenig Glaubwürdiges entgegenhalten. Die sozialdemokratische Regierungspolitik und ihre Begründung hatten letztendlich zur eigenen Sprachlosigkeit, zum Verlust der Deutungsmacht in Krisenzeiten beigetragen. Typisch war der Erklärungsrahmen für die Riester-Rente. Stets bewarb man die Riester-Reform aus dem Blickwinkel einer höheren Rendite für die einzahlenden Bürger.[1] Die Solidarfunktion, die dem klassischen Umlagesystem in ihrer klugen Verschränkung von Eigen- und Mitverantwortung innewohnte, verblasste in diesem Diskurs. Die Bindungsmentalität blieb hinter dem Nutzenkalkül des Einzelnen zurück. Wer es sich besserverdienend leisten konnte, trat die Flucht aus der Solidargemeinschaft an, da der Verbleib sich nicht rechnete.[2]

---

1 Vgl. Hockerts, Hans Günter 2007, »Vom Problemlöser zum Problemerzeuger? Der Sozialstaat im 20. Jahrhundert«, in: *Archiv für Sozialgeschichte* Bd. 47/2007, S. 3-29, hier S. 29.
2 Vgl. hierzu und insgesamt zur Lage der Mitte Kronauer, Martin 2008, »Verunsi-

Das war die eine Tendenz. Die neuliberale Denkart »sickerte«, wie es die Politologin Petra Dobner formulierte, in das Bewusstsein der Menschen.[1] Doch erstaunlich wirkungsmächtig war weiterhin die andere, durch die Erfahrungsgeschichte intakter Sozialstaatlichkeit robust fundamentierte Tendenz, dass das Gros der Bevölkerung von den wohlfahrtsstaatlichen Einstellungen und Ansprüchen nicht lassen wollte. Das galt keineswegs nur für die unteren Schichten; dieses Erwartungsmuster fand man ebenso häufig in der gesellschaftlichen Mitte, die ja in Deutschland durch den Zuschnitt des Sozialstaats durchaus ein Profiteur der kollektiven Sozialsysteme war.[2] Deshalb war die Mitte nicht sozialdemokratisch, aber sie war auch keinesfalls neoliberal. Die Mitte war insofern ideologisch offen, als dort auf der einen Seite Neigungen zu finden waren, aus der Krise des Sozialstaats auf eigene Faust sein Glück zu machen, während auf der anderen Seite ebenfalls die Haltung fortlebte, auf den Kern des deutschen Sozialmodells, wie er sich seit den achtziger Jahren des 19. Jahrhunderts als scharf umrissener Pfad der Regelung von Lebensrisiken und Leistungsansprüchen herausgebildet hatte, zu pochen. Die moderne soziale Mitte, so undeutlich die Definition ihrer Existenz auch sein mag, wird in den folgenden Jahrzehnten das »Gravitationszentrum« (Emmanuel Todd) politischer Weichenstellungen bleiben.[3] Die Sozialdemokraten sind, anders als in der ersten industriegesellschaftlichen Phase, nunmehr ein konstitutiver Teil, ein Ferment dieser Mitte. Und es ergibt wenig Sinn, der früheren Zeit eines weit links stehenden Außenseitertums nachzuweinen, indem man aus der Randlage heraus in kühner Pose das Zentrum attackiert. Norberto Bobbio hatte Recht:

cherte Mitte, gespaltene Gesellschaft«, in: *WSI-Mitteilungen* 61/H. 7, S. 372-378, hier S. 377.

1 Vgl. das Gespräch mit Petra Dobner »Wofür wir den Staat brauchen«, in: *Der Tagesspiegel* (29. Oktober 2009); vgl. auch Dobner, Petra 2009, *Bald Phoenix – bald Asche. Ambivalenzen des Staates*, Berlin: Wagenbach.

2 Vgl. Nolte, Paul/Dagmar Hilpert 2007, »Wandel und Selbstbehauptung. Die gesellschaftliche Mitte in historischer Perspektive«, in: Herbert-Quandt-Stiftung (Hg.), *Zwischen Erosion und Erneuerung. Die gesellschaftliche Mitte in Deutschland. Ein Lagebericht*, Frankfurt: Societäts-Verlag, S. 11-101, hier S. 61 ff.

3 Vgl. Todd, Emmanuel 2008, *Après la démocratie*, Paris: Gallimard, S. 185 f.

Der Extremismus der linearen Lösungen und der schnellen politischen Sprünge ist nicht erstrebenswert, Mitte und Sozialdemokratie können sich besser in ihrer Passion für den Ausgleich, die Integration, die Balance finden.[1]

Denn ebendas ist durch den Extremismus neuliberalen Denkens und Entsicherns verlorengegangen.[2] Die Gesellschaften sind durch die Monofixierung auf das Private, durch den Kult der Märkte und durch die aggressive Diskreditierung der Staatlichkeit aus dem Gleichgewicht geraten.[3] Eine Politik der integrativen, ausgleichenden Mitte bewegt sich bewusst kritisch gegenüber den neuliberalen Dogmatismen, sie wendet sich auch ab von der freiwilligen geistigen Unterwerfung der »Dritte-Wege«-Sozialdemokratie unter das Primat der alles durchdringenden Wettbewerbs-, Effizienz-, Optimierungs- und Rentabilitätslogiken.[4] Eine Sozialdemokratie dieser *politischen* Mitte ließe sich durchaus mit den Sozialerfahrungen der *sozialen* Mitte verknüpfen. Die gesellschaftliche Mitte leidet darunter, dass die sozialen Balancen und Ausgleichsregeln der früheren sozialen Marktwirtschaft außer Kraft gesetzt worden sind. Gerade die gesellschaftliche Mitte hatte das Leitbild der Äquivalenz, der durch Reziprozität hergestellten Gerechtigkeit verinnerlicht: Man zeigte Fleiß, bekam dann mehr Lohn oder Gehalt, durfte mit Aufstiegschancen rechnen.[5] Dieser kausale Nexus, die legitimatorische Grundlage der sozialstaatlich abgepufferten Leistungsmarktwirtschaft, ist jedoch gesprengt. Seit den neunziger Jahren ist das für die Mitte ein größerer Schock als für das »Unten«, das

---

1 Vgl. Bobbio, Norberto 2006, *Rechts und Links. Gründe und Bedeutungen einer politischen Unterscheidung*, 4. Aufl., Berlin: Wagenbach, S. 31 ff.

2 Vgl. hierzu auch Hertz, Noreena 2009, »Abschied vom Gucci-Kapitalismus«, in: *Handelsblatt* (17. Dezember 2009).

3 Vgl. auch Gautier, Louis 2008, *Table rase. Y a-t-il encore des idées de gauche?*, Paris: Flammarion.

4 Vgl. hierzu auch Houtart, François 2008, »Sozialismus im 21. Jahrhundert«, in: *Zukunft* H. 5/2008, S. 14-19.

5 Vgl. auch Schmidt, Ingo 2008, »Kollektiver Imperialismus, Varianten des Neoliberalismus und neue Regionalmächte«, in: ders. (Hg.), *Spielarten des Neoliberalismus. USA, Brasilien, Frankreich, Deutschland, Italien, Indien, China, Südkorea, Japan*, Hamburg: VSA-Verlag, S. 7-39, hier S. 26.

bereits länger Erfahrungen mit dem Bruch der Sozialversprechen aus der Frühzeit der Bundesrepublik hatte sammeln müssen.[1] Der Nachwuchs der Mitte steigt unter denkbar prekären Bedingungen ins Berufsleben ein, trotz akademischer Ausbildung, trotz steter Anpassungsanstrengungen an wechselnde Profilbeschreibungen. Gleichwohl ist an soziale Mobilität über den erreichten Status der Mitte hinaus nicht zu denken; der Fall nach unten ist ungleich wahrscheinlicher.[2]

Der Historiker Tony Judt hat in einem vielbeachteten Vortrag am 19. Oktober 2009 zum Thema »What is living and what is dead in Social Democracy?« prognostiziert, dass das 21. Jahrhundert ein Zeitalter chronischer Unsicherheit wird.[3] Gerade darin sah er die Chance für eine weitere Existenz der Sozialdemokratie. »If Social Democracy has a future, it will be as a Social Democracy of fear.«[4] Die Bürger hätten allen Grund, wütend darüber zu sein, was ihnen in den letzten zwei bis drei Jahrzehnten fortgenommen wurde. Alle moralischen Kategorien seien durch ökonomische Leitvorstellungen ersetzt worden. Auf Basis dieser normativen Transformation habe man die Politik der Privatisierung betrieben. Hier sei ein höheres Maß an Effizienz versprochen worden, doch das Gegenteil sei eingetroffen. Die Privatisierungsschübe hätten nur durch kräftige Subventionen seitens des Staates in Gang gesetzt werden können; auch danach hätten der Staat und damit die Gesellschaft insgesamt die Risiken getragen, während die Gewinne regelmäßig an die Privatunternehmen fielen. Ausgerechnet diejenigen öffentlichen Aufgaben seien priva-

1 Vgl. hierzu auch Köcher, Renate 2008, »Das Bewusstsein der Mittelschicht«, in: *Frankfurter Allgemeine Zeitung* (5. Juli 2008).
2 Vgl. Vogel, Berthold 2009, »Die zerrissene Mitte«, in: *Vorgänge* 48/H. 2, S. 92-96; vgl. auch Nolte, Paul 2008, »Wie geht's der Mittelschicht?«, in: *Frankfurter Allgemeine Sonntagszeitung* (30. November 2008).
3 Zu der Veranstaltung vgl. auch den Artikel von Jörg Häntzschel »Kampf für Fairness. Ein Vortrag von Tony Judt in sozialer Demokratie«, in: *Süddeutsche Zeitung* (23. Oktober 2009).
4 Vgl. hierzu und im Folgenden Judt, Tony 2009, »What is living and what is dead in Social Democracy?«, in: *The New York Review of Books* Bd. 56/Nr. 20 (Ausgabe vom 17. Dezember 2009), online verfügbar unter: (www.nybooks.com/articles/23519) (Stand: 5. Januar 2010).

tisiert worden, die der Staat seit dem 19. Jahrhundert, dabei durchaus mustergültig und zum Nutzen gesellschaftlicher Integration, übernommen habe. Insofern bedeuteten die letzten drei – neuliberal geprägten – Jahrzehnte den Rückfall in ein vormodernes Staatsverständnis. Den Gesellschaften drohe mehr und mehr der Verlust ihrer institutionellen Puffer, ihrer intermediären Institutionen, welche für sozialen Frieden und Kohäsion unverzichtbar seien. Die demokratische Linke habe also elementare Errungenschaften zu bewahren. Ebendies sei die historische Aufgabe der Sozialdemokratie: als Anwältin einer berechtigten Furcht der Bürger zu handeln.

Dass gerade auch die Mittelschichten von einem handlungsfähigen Wohlfahrtsstaat, von einer Wertematrix der sozialen Gerechtigkeit, ja von egalisierender Politik profitieren, darauf haben zuletzt die Analysen des schwedischen Politologen Bo Rothstein, insbesondere aber die empirischen Forschungsergebnisse von Richard Wilkinson und Kate Pickett hingewiesen. Wilkinson und Pickett konnten durch einen stupenden Vergleich zahlreicher OECD-Länder nachweisen, dass ein höheres Ausmaß an sozialer Gleichheit nicht nur für Unterschichten positive Auswirkungen hat, sondern eben auch für die breite gesellschaftliche Mitte.[1] In sozial vergleichsweise egalitären Gesellschaften leiden die ihnen Zugehörigen weitaus weniger unter psychischen Problemen, können sich einer längeren Lebenserwartung erfreuen, dürfen mit besseren schulischen Leistungen ihrer Kinder rechnen. Mehr Gleichheit stiftet größere gesellschaftliche Kohäsion, lähmt dabei keineswegs die Initiative, sondern ermutigt vielmehr zu Engagement und Mobilität.[2] Soziale Gerechtigkeit und individuelle Flexibilität gehören zusammen. Die Moderne jedenfalls hat bislang noch kein überzeugendes Alternativmodell zu den

---

1 Vgl. Wilkinson, Richard/Kate Pickett 2009, *The spirit level. Why more equal societies almost always do better*, London u.a.: Allen Lane; vgl. hierzu auch Hanley, Lynsey 2009, »The way we live now«, in: *The Guardian* (14. März 2009).

2 Vgl. Hattersley, Ron 2009, »Last among equals«, in: *NewStatesman.com* (26. März 2009), abrufbar unter: (www.newstatesman.com/books/2009/03/spirit-level-wilkinson-pickett) (Stand: 5. Januar 2010).

Aufgaben und Funktionen des Sozialstaats und seiner friedens-
stiftenden Rolle hervorgebracht.[1]

Ein eigenes Forschungsprojekt des Verfassers über Einstellungen
der gesellschaftlichen Mitte in Deutschland hat jüngst hervorgebracht, dass die Mitte hier ebenfalls eine hohe Empfindlichkeit
auch gegenüber sozialer Ungerechtigkeit, die Angehörige anderer Schichten betrifft, aufweist.[2] Allerdings ist das Vertrauen
in die Leistungsfähigkeit und Verlässlichkeit der öffentlichen
Daseinsvorsorge mittlerweile erheblich geschrumpft. Das Be-
dürfnis nach Sicherheit ist signifikant angestiegen, auch nach
größerer Sicherheit im öffentlichen Raum der Städte; aber die
Mitte in Deutschland setzt nicht mehr allzu viel Hoffnung darauf, dass der Staat die Probleme zielstrebig und weitsichtig zu
lösen vermag. Die Enttäuschung über die Bildungspolitik der
letzten Jahre ist enorm, die Verunsicherung über die Möglichkeiten eines raschen Absturzes in den Hartz-IV-Status weit ver-
breitet und die Verachtung erratischer staatlicher Manöver wie
im Falle der Abwrackprämie weitflächig anzutreffen. Der auch
von Sozialdemokraten unaufhörlich repetierte Refrain, in Zeiten
der Globalisierung existiere kein nennenswerter Gestaltungs-
raum für (nationale) Politik mehr, hat seine Wirkung getan und
sich zumindest hierzulande in den Köpfen der gesellschaftlichen
Mitte festgesetzt. Ähnlich ernüchternd fällt der Befund des So-
zialwissenschaftlers Berthold Vogel aus: »Die homogenisieren-
den und stabilisierenden Kräfte der Sozialversicherung, des Rah-
mentarifvertrags und der kollektiven Daseinsvorsorge – mithin
die formativen Klammern der Mittelklasse – werden schwächer
und wirken normativ erschöpft. Diese Entwicklung ist nicht
allein Ausdruck ökonomischer Zwangsläufigkeiten, in ihnen
kommen auch veränderte politische Ordnungsvorstellungen
des Sozialen bzw. des gesellschaftlichen Allgemeinen zum Tra-

1 Vgl. Rothstein, Bo 2009, »Därför går det så dåligt för socialdemokraterna«, in:
efterarbetet.se (10. Juli 2009), abrufbar unter: ⟨http://efterarbetet.etc.se/22574/
daerfoer-gar-det-sa-daligt-foer-socialdemokraterna/⟩ (Stand: 5. Januar 2010).
2 Vgl. zu den Voruntersuchungen Walter, Franz 2010, *Vom Milieu zum Parteien-
staat. Lebenswelten, Leitfiguren und Politik im historischen Wandel*, Wiesbaden:
VS Verlag für Sozialwissenschaften, S. 187 ff.

gen.«[1] Die Sozialdemokraten haben in den letzten Jahren viel dazu beigetragen, dass die ordnenden und orientierenden Ideen der Solidargemeinschaftlichkeit und Sozialstaatlichkeit beschädigt wurden.

Insofern stellt sich für die Sozialdemokratie die zentrale Frage, ob »Mitte« und »Solidarität« künftig noch zusammengehen. Die »solidarische Mitte« war im Jahr 2003 im Zuge des Programmfindungsprozesses die große Entdeckung des damaligen SPD-Generalsekretärs Olaf Scholz,[2] der dann Ende Oktober 2007 in Hamburg auf dem Bundesparteitag zum Abschluss kam, wenngleich im fortan gültigen Grundsatzprogramm der Partei von der »solidarischen Mehrheit«, die man gewinnen wolle, die Rede war.[3] Derlei Sprachkorrekturen galten seinerzeit als Erfolg des linken Parteiflügels, der sich partout nicht als »Mitte« identifizieren lassen wollte, obwohl die Repräsentanten dieses Spektrums ganz überwiegend zum arrivierten Teil des gesellschaftlichen Zentrums gehörten und die Erfreulichkeiten ihrer kommoden sozialen Lage mit verständlicher Befriedigung vollauf genossen. Gleichviel, die entscheidende Frage blieb und bleibt, ob »Mitte« und »Mehrheit« in den modernen Demokratien des 21. Jahrhunderts zur Solidarität überhaupt fähig und willens sind. Nicht ganz wenige Analytiker und Auguren äußern Skepsis. Und viele verbinden das mit einem düsteren Ausblick auf die Zukunft. Angesichts des Anstiegs von Ungleichheit und Ungerechtigkeit gebe es in den nächsten Jahrzehnten unzweifelhaft einen wachsenden Bedarf an Solidarität. Aber während die Nachfrage nach Solidarität zugenommen habe, seien die tragenden Bedingungen solidarischer Zusammenschlüsse und Aktionen zuletzt erheblich erodiert,

---

1 Vogel, »Die zerrissene Mitte«, S. 94.
2 Vgl. Scholz, Olaf 2003, »Gerechtigkeit und solidarische Mitte im 21. Jahrhundert«, in: *Frankfurter Rundschau* (7. August 2003).
3 Vgl. SPD-Parteivorstand (Hg.) 2007, *Hamburger Programm. Grundsatzprogramm der Sozialdemokratischen Partei Deutschlands*, beschlossen auf dem Hamburger Bundesparteitag der SPD am 28. Oktober 2007, S. 6, online verfügbar unter: (www.spd.de/de/pdf/parteiprogramme/Hamburger-Programm_final.pdf) (Stand: 5. Januar 2010).

abgeschmolzen »wie Gletscher in den Zeiten globaler Erwärmung«.[1]

Solidarität ist voraussetzungsreich. Sie ist die Moral von Gruppen mit ähnlichen Interessen, analogen Erfahrungen einer zusammen erlebten Geschichte, kollektiv ausgefochtenen Kämpfen und gemeinsam getragenen Opfern. Solidarität braucht diese durch Aktion hergestellte Nähe.[2] Solidarität ist dagegen schwer als universelle Norm zu handhaben, die über längere Zeit bindet und verpflichtet. Als dauerhafte Tugend benötigt sie auch das nichtaltruistische Motiv des Interesses, des Drucks von außen, der die Individuen zu Assoziationen mit gemeinsamen Anliegen aggregiert. Nichts davon geschieht automatisch, gleichsam als Reaktion auf den stummen Zwang der Verhältnisse. Aus einem objektiven Sein wird ein wünschenswertes Sollen erst dadurch, dass Programmatiker und Organisatoren Erfahrungsaspekte in Orientierungswerte umwandeln, Einzelne zu Gemeinschaften zusammenführen, Empörung in Ziele übersetzen. Diese Organisations-, Interpretations- und Führungsleistungen sind von den Sozialdemokraten in den letzten drei Jahrzehnten nicht mehr erbracht worden. Gewiss, die Verhältnisse dafür waren durch die Individualisierungsprozesse, die Übermacht der Konsumtionen vor der kollektivierenden industriellen Produktion ungünstig geworden. Die politisch-intellektuelle Einsicht in diese Aufgaben aber war den Sozialdemokraten auch zunehmend abhandengekommen. Mitte und Mehrheit sind nicht per se solidarisch. Mit Modellen rein zahlungs- und rentabilitätsorientierter Eigenvorsorge verzerrt man die prinzipielle Solidaritätsbereitschaft noch weiter.

Nun hat die tiefe soziale Spaltung des sozialdemokratischen Po-

1 Münkler, Herfried 2004, »Enzyklopädie der Ideen der Zukunft: Solidarität«, in: Beckert, Jens u.a. (Hg.), *Transnationale Solidarität. Chancen und Grenzen*, Frankfurt am Main: Campus, S. 15-30, hier S. 16.
2 Vgl. hierzu und im Folgenden Bayertz, Kurt 1998, »Begriff und Problem der Solidarität«, in: ders. (Hg.), *Solidarität. Begriff und Problem*, Frankfurt am Main: Suhrkamp, S. 11-53; Münkler, Herfried 2001, »Solidarität in modernen Gesellschaften«, in: Müntefering, Franz/Matthias Machnig (Hg.), *Sicherheit im Wandel. Neue Solidarität im 21. Jahrhundert*, Berlin: Vorwärts, S. 31-48.

tenzials seit den siebziger Jahren die Grundlagen der Sozialdemokratie tatsächlich unterminiert. Solidarität trägt nur in einem Verhältnis der Wechselseitigkeit, der Gegengabe.[1] Die sozialdemokratische Solidargemeinschaft beruhte auch in ihren besten Jahren fest auf Reziprozität: Die einen gaben den bedrängten anderen, wenn sie erwarten durften, später in einer für sie kritischen Situation äquivalente Hilfe zu erhalten. Solidarität bedeutet nicht Mildtätigkeit, sondern eine korrelative Unterstützungsbeziehung zwischen im Grunde gleichstarken Gruppen bzw. Individuen. Nur deshalb lässt sich Solidarität organisatorisch verstetigen, gar in Form von wohlfahrtsstaatlichen Systemen institutionalisieren. Bis in die siebziger Jahre funktionierte die Industriegesellschaft so, dass auch Solidarität gelingen konnte. Seither aber hat sich in den Brachen der überkommenen industriellen Räume eine Schicht von »Überflüssigen«, »Entbehrlichen« und »Verlorenen« entwickelt und verfestigt, die nicht zurückgeben kann, was ihr über den Sozialstaat, also über die Abgaben und Steuerzahlungen insbesondere der Mittelklassen, zugeleitet wird.[2] Das aber stellt das Grundgesetz der Solidarität infrage.[3] »Den Leuten gehen die Messer in den Taschen auf«, fasst der deutsche Soziologe Heinz Bude die Ergebnisse einer Erhebung des französischen Soziologen François Dubet zur »Ungerechtigkeit« zusammen, »wenn jemand Geld oder Ehre einsteckt, ohne etwas dafür getan zu haben.« Auf der anderen Seite aber bringt es »die Leute auf die Palme, wenn die Regeln der Gleichheit verletzt werden. Niemand darf aus Gründen seiner

1 Kritisch hierzu allerdings Dallinger, Ursula 2009, *Die Solidarität der modernen Gesellschaft. Der Diskurs um rationale oder normative Ordnung in Sozialtheorie und Soziologie des Wohlfahrtsstaates*, Wiesbaden: VS Verlag für Sozialwissenschaften, S. 36.

2 Vgl. auch Lilli, Waldemar/Manuela Luber 2001, »Solidarität aus sozialpsychologischer Sicht«, in: Bierhoff, Hans-Werner/Detlef Fetchenhauer (Hg.), *Solidarität. Konflikt, Umwelt und Dritte Welt*, Opladen: Leske + Budrich, S. 273-292, hier S. 288.

3 Vgl. hierzu auch die insgesamt brillanten Überlegungen bei Hillebrand, Ernst 2009, »Eine Gesellschaft selbstbestimmter Bürger. Konturen eines sozialdemokratischen Projekts für das 21. Jahrhundert«, online verfügbar unter: (http://library.fes.de/pdf-files/id/ipa/06777.pdf) (Stand: 26. Dezember 2009).

Herkunft oder seiner Überzeugung gezielt bevorteilt oder benachteiligt werden. Es ist eine schreiende Ungerechtigkeit, wenn die Bildungschancen eines Kindes vom Konto der Eltern abhängen. Noch ärger wird es für das Ungerechtigkeitsempfinden, wenn die Ungleichheit zur Voraussetzung gesellschaftlicher Dynamik erklärt wird. Als ob wir alle nur dann vorankämen, wenn die einen zurücksteckten, damit die anderen auftrumpfen können.«[1].

Rundum verloren für eine Sozialdemokratie reflektierter Solidarität und begründeter Gleichheit sind »die Leute« also nicht. Aber was sind für die Sozialdemokraten denn noch »die Leute«, was bedeutet ihnen »der Bürger« in der modernen Demokratie? Ernst Hillebrand, einer der klügsten Analytiker sozialdemokratischer Probleme in Europa, schlägt seiner Formation vor, die Partizipationskanäle in der »society of the smart people« im 21. Jahrhundert massiv auszuweiten. Bildung und Wissen der Menschen seien in den letzten Jahrzehnten erheblich angewachsen, Information umfassender verfügbar denn je. Und eine interaktive Kommunikation finde auch jenseits der Einzäunungsbestrebungen von Medienkonzernen statt. Insofern bestünden nunmehr ein adäquater technischer und sozialer Raum sowie ein geeignetes kulturelles Vorfeld für mehr Bürgerteilhabe auch in der Politik.[2]

Doch unter den sozialdemokratischen Regierungen der Dritte-Weg-Ära wies die Tendenz in die andere Richtung. Tony Blair entschied top-down; Schröder machte das »Basta« zu einem Kennzeichen seines Regierungsstils. Mehr noch: Die modernen Kabinettschefs der neuen Sozialdemokratie hatten sich bewusst der »Depolitisierung« als Regierungskunst verschrieben.[3] Nicht ganz zu Unrecht gingen sie davon aus, dass partizipatorische Po-

---

1 Bude, Heinz 2009, »Eine Frage der Weltsicht«, in: *Süddeutsche Zeitung* (14. September 2009).
2 Vgl. Hillebrand, »Eine Gesellschaft selbstbestimmter Bürger«.
3 Vgl. Burnham, Peter 2001, »New Labour and the politics of depoliticisation«, in: *British Journal of Politics and International Relations* 3/H. 2, S. 127-149; Buller, Jim/Matthew Flinders 2005, »The domestic origins of depoliticisation in the area of British Economic Policy«, in: *British Journal of Politics and International Relations* 7/H. 4, S. 526-543.

litik die Vetostimmen vermehrt, die Komplexität des politischen Feldes erhöht, die schrille Rhetorik öffentlicher Auseinandersetzungen verschärft. Auch ließ sich schwer leugnen, dass sich durch partizipatorischen Eifer im Resultat die rechtlichen Regelungen ausweiten, was somit zu jener Überregelung des öffentlichen Lebens führt, welche die Bürger regelmäßig und dann gegen die Politik erzürnt.[1] Vom bewussten Entzug der politischen Debatte von den transparenten Marktplätzen der Massendemokratie in den Arkanbereich kleiner verhandelnder Gruppen erhofften sich Schröder, Blair, Persson et al. einen Zuwachs an Rationalität, Vernunft und Effizienz. Kurzum: Sozialdemokraten pflegen die Tugend zivilgesellschaftlicher Partizipation zwar zuweilen programmatisch kräftig zu postulieren, gouvernemental aber wird sie von ihnen, soweit es das politische Terrain angeht, eher als störendes Ärgernis betrachtet und zurückgedrängt.

Ein besonders düsteres Bild vom Zustand und von der Zukunft der Demokratie hat der an der Universität Bath lehrende politische Soziologe Ingolfur Blühdorn gezeichnet. Blühdorn spricht von einer »simulativen Demokratie«, die an die Stelle partizipatorischer Demokratisierungsbemühungen besonders der neuen sozialen Bewegungen aus den sechziger und siebziger Jahren getreten sei.[2] Auch Blühdorn geht in seinen Überlegungen davon aus, dass es zuletzt einen rasant ausgeweiteten Zugang zu Wissen und Informationen gegeben habe. Aber die Mehrung des Wissenskapitals bildet für ihn keineswegs das Eingangstor zur erhöhten politischen Teilhabe. Denn zugleich habe sich durch die Multiplikation von Daten und Kompetenz die Komplexität in

---

1 Hierzu auch Möllers, Christoph 2008, *Der vermisste Leviathan. Staatstheorie in der Bundesrepublik*, Frankfurt am Main: Suhrkamp, S. 69.

2 Vgl. Blühdorn, Ingolfur 2006, »Billig will Ich: Post-demokratische Revolution und Simulative Demokratie«, in: *Forschungsjournal Neue Soziale Bewegungen* 19/H. 4, S. 72-83, hier S. 77. Vgl. für eine eingehendere Diskussion der neuen sozialen Bewegungen und der partizipatorischen Revolution auch ders. 2009, »The participatory revolution: New social movements and civil society«, in: Larres, Klaus (Hg.), *A Companion to Europe since 1945*, London: Wiley-Blackwell, S. 407-431.

Gesellschaft, Ökonomie und Politik auf eine Weise erweitert, dass die Menschen, deren normatives Rüstzeug in demselben Prozess eher ausgedünnt wurde, den Überblick und ihre Beurteilungssouveränität verloren hätten. So sei in den moderneren Gesellschaften ein Gefühl tiefer Verunsicherung, der Verwundbarkeit und Schutzlosigkeit entstanden, was zu einem Rückzug der Bürger aus den schwierigen öffentlichen Angelegenheiten in das Private, mithin zu einer Beschränkung auf egozentrische Interessen und Ziele geführt habe.[1] In Fragen der Politik herrsche bei ihnen Zynismus, vor allem aber Apathie. Deshalb überlassen sie den Professionellen der Parteien vollständig die politische Arena. Durch diese apathiegestützte Delegierung von Politik habe sich eine simulative Demokratie entwickelt, in der die Bürger ihre Freiheit allein als Konsumenten auf den Märkten suchen, die Politik aber an die etablierten und in regelmäßigen Abständen durch Wahlen legitimierten Eliten abtreten. Blühdorn spricht von einer »silent counter revolution«, womit er den Abschied von den postmaterialistischen und partizipatorischen Anliegen der siebziger Jahre meint.[2] Nahezu fatalistisch charakterisiert er die Entpolitisierung bzw. die Delegierung des Politischen an professionelle Eliten als passförmiges Mittel, um die Zahl von Vetospielern zu reduzieren, Prozesse der Entscheidungsfindung zu vereinfachen und das spätmoderne Leiden an fundamentalen Unsicherheiten und Entscheidungsstaus zu mindern.

Blühdorn setzt voraus, dass es in simulativen Demokratien konstitutionelle Erfahrungsorte für ein autonomes, vom System unabhängiges Selbst nicht mehr geben könne, da inzwischen alle Sektoren des sozialen Lebens von der kapitalistischen Ökonomie

---

1 Vgl. Blühdorn, Ingolfur 2007, »The third transformation of democracy: On the efficient management of late-modern complexity«, in: ders./Uwe Jun (Hg.), *Economic efficiency – Democratic empowerment. Contested modernisation in Britain and Germany*, Lanham: Lexington Books, S. 299-331, hier S. 313.
2 Vgl. Blühdorn, Ingolfur 2009, »Narratives of self-delusion: Towards a critical theory of the politics of unsustainability. Conference paper presented at the 2009 annual meeting of the American Political Science Association Toronto, Canada, 2 – 6 September 2009«, S. 6.

durchdrungen seien. Auch andere Interpreten diagnostizieren die Ausweitung des Kapitalismus auf einst von den Marktprozessen abgekoppelte Bereiche des menschlichen Lebens.[1] In solchen Refugien oft vormoderner Lebensformen und Einstellungen, in welche sich nun Wettbewerbs- und Akkumulationslogiken eingenistet hätten, hielten sich lange Zeit resistente Orientierungen gegen die kapitalistische Landnahme. Auch die entstehende Arbeiterbewegung hatte Mitte des 19. Jahrhunderts ihre Ursprungsenergien bekanntlich in erheblichem Umfang aus den vorkapitalistischen Vergemeinschaftungen wie Ritualen der Gesellenvereine und Zünfte gezogen. Die ökologische Bewegung der siebziger und achtziger Jahre nährte sich in Teilen aus der Zivilisationskritik und den Alternativprojekten der historischen Lebensreformbewegung. Doch auch diese Reserveräume antikapitalistischer Verweigerung sind mittlerweile okkupiert und penetriert, stehen selbst als Nischen eines elementaren Anders-Seins nicht mehr zur Verfügung.

Insofern scheinen ernstzunehmende, schlagkräftige und konzeptionell überzeugende Gegner des Kapitalismus kaum noch auszumachen zu sein. Der nahezu ungedrosselte kapitalistische Expansionismus der letzten zwanzig Jahre hat zwar etliche Opfer produziert, aber der Opferstatus gebiert offenkundig keine selbstbewusste »Klasse für sich«. Der industrielle Kapitalismus hatte die Arbeiterklasse seinerzeit zu einer großen Erfahrungseinheit formiert, mit Stolz auf ihre Fähigkeit zur Mehrwerterzeugung, mit dem gemeinsamen Ort der Fabrik, mit identischen Arbeitszeiten, mit kollektiven Kämpfen und deren Erfolgen. Ein solch geschlossener, konsistenter Identitätszusammenhang einer Großgruppe existiert im postindustriellen Neokapitalismus nicht mehr. Die benachteiligten Gruppen sind zahlreich, aber hochgradig fragmentiert.[2] Ihre Arbeitsstätten konzentrieren sich nicht in riesigen Hallen, ihre Wohnorte nicht in ausgedehnten Werkssiedlungen. Ihre Beschäftigungsverhältnisse sind individualisiert

---

1 Vgl. besonders Boltanski, Luc 2007, »Leben als Projekt. Prekarität in der schönen neuen Netzwerkwelt«, in: *polar* H. 2/2007, S. 7-13.

2 Vgl. Dubet, François 2009, *Le travail des sociétés*, Paris: Seuil, S. 49ff.

und rhapsodisch statt kollektiviert und beständig. So stößt man auf Torso-Identitäten bzw. multiple Zuordnungen, wo der Sozialismus einst ein homogenes Klassenbewusstsein schaffen wollte und partiell auch realisieren konnte. Aus der klassischen Arbeiterklasse entwickelt sich in Zukunft aber nichts mehr; sie ist die »absinkende Klasse des globalen Neokapitalismus« schlechthin.[1]

Eine alternative Sozialgruppe mit eigensinnigen Konzepten zur Überwindung der Krisen des klassischen Sozialismus und des neuen Kapitalismus steht also nicht bereit. Im Grunde sind die beiden Großentwürfe für die Wirtschafts- und Gesellschaftspolitik der letzten Jahrzehnte unisono an ihr Ende gekommen, die neuliberale Angebotspolitik wie der sozialdemokratische Keynesianismus. In dem Maße, wie die Finanzkrisen an Tempo und Tiefe zunehmen – selbst liberal-konservative Experten fürchten für das Jahr 2015 so etwas wie den finalen Crash –,[2] in dem Maße vervielfältigen sich die materiellen Schulden des Staates. Schließlich mögen die beiden Basissysteme der vorangegangenen Jahrhunderte implodieren: die Märkte und der Staat. Das scheint das Fatale der letzten Jahre zu sein: Die Destruktionswucht des Kapitalismus hat sich unaufhörlich potenziert und selbstzerstörerisch gegen die eigenen Voraussetzungen gerichtet. Die möglichen Gegenbewegungen dazu haben indessen an Kraft, Selbstbewusstsein, intellektueller Attraktivität, normativer Ernsthaftigkeit und organisatorischer Disziplin verloren und so den Großteil ihrer früheren Substanz eingebüßt.

Am Ende könnte dann lediglich die »negative Mobilisierung« stehen, wie sie, für einen anderen Kontext, der Direktor des Moskauer Levada-Zentrums, Lev Gudkov, beschrieben hat.[3] Die Entstehungsbedingungen für diese »negative Mobilisierung« wurzeln in Statusverlust und Werteverfall ganzer sozialer Gruppen. Eine

1 Streeck, Wolfgang 2005, »Vom kurzen Traum zum langen Alptraum«, in: *Mitbestimmung* 51/H. 9, S. 32-37, hier S. 36.
2 Vgl. das Interview von Nils Minkmar mit Meinhard Miegel, in: *Frankfurter Allgemeine Zeitung* (3. Juni 2009).
3 Vgl. Gudkov, Lev 2007, »Russlands Systemkrise. Negative Mobilisierung und kollektiver Zynismus«, in: *Osteuropa* 57/H. 1, S. 3-13.

nahezu alle Menschen erfassende Orientierungslosigkeit macht sich breit, der Pessimismus wächst und schlägt in Defätismus um. Positive Ziele und konstruktive Hoffnungen auf ein besseres Leben sind demgegenüber rar. An Utopien glaubt niemand mehr. Die negative Stimmung kumuliert in einer zunächst ziellosen Aggression. Diese Aggression entfaltet durchaus eine integrative Wirkung, doch richten sich die diffuse Wut, ja der blanke Hass gegen konstruierte Feinde im Inneren oder Äußeren, gegen Gruppen anderer Kulturen oder Ethnien, gegen Einzelne, die aus dem Integrationsrahmen fallen. Zum großen Sinnstifter und politischen Sammler wird dann derjenige, der den Feind mobilisierungsträchtig identifiziert und dadurch eine solche Leidenschaft entfacht, dass die Massen in die Kampagne zur Vernichtung des propagandistisch dingfest gemachten Dämonen ziehen.

Was hat das alles noch mit den Sozialdemokraten zu tun? Unmittelbar tatsächlich wenig. Aber je stärker man sich auf solche Szenarien einlässt, desto pessimistischer wird man als Autor auch, was die Zukunft der Sozialdemokratie angeht. Zugleich bemerkt man, wie angenehm letztendlich das sozialdemokratische Zeitalter im 20. Jahrhundert war. Aber mit den Annehmlichkeiten des sozialdemokratischen Sozialstaats erlahmten die sozialdemokratischen Energien. Und sie waren auch dann nicht zu revitalisieren, als man eine gute Portion davon wieder einmal hätte gebrauchen können. Es mag schon sein, dass die SPD bei Umfragen der Demoskopen demnächst ein wenig zulegen wird. Es wird dann gewiss so sein, dass man im Willy-Brandt-Haus zuversichtlich von einer Erholung der Partei sprechen wird. Auszuschließen ist ebenfalls keineswegs, dass die SPD in naher Zukunft ein paar zusätzliche Ministerpräsidenten stellen wird. Und dennoch: Man sollte nicht unbedingt damit rechnen, dass das 21. Jahrhundert ein sozialdemokratisches sein wird.

Danksagung

Man könnte meinen, die Danksagung am Ende eines Buches sei eine Art Pflichtübung. Aber das ist sie nicht. Ich jedenfalls wäre ohne die Hilfen, die Anregungen, den Zuspruch, die Gegenrede meiner Mitarbeiterinnen und Mitarbeiter, all der guten Freunde als Autor hoffnungslos verloren. Und auch wenn es kitschig klingen mag – ich empfinde die vertraute Nähe, die in der Göttinger »Arbeitsgruppe für Parteien- und Politische Kulturforschung« herrscht, als außerordentliches Privileg.

Zu danken habe ich diesmal zuvörderst Katharina Rahlf, die den gesamten Arbeitsvorgang intellektuell beratend, redigierend und mit der größten Geduld begleitet hat. Auch Teresa Nentwig hat viel dazu beigetragen, hat aus ihren Frankreichstudien wertvolles Material geliefert. Recherchen zu anderen europäischen Ländern sind sorgfältig erledigt worden von Severin Caspari, Jens Gmeiner, Heiko Garrelts, Klaudia Hanisch, Daniela Kallinich, Sebastian Kohlmann, Mirko Kurmann, Ulf Meyer-Rewerts, Lisa Rohwedder, Andreas Wagner und Christian Werwath. Wichtige Interpretationsrahmen der sozialdemokratischen Wege haben verlässlich und klug meine Mitarbeiter Felix Butzlaff und Matthias Micus gespannt. Für die Beachtung der historischen Grundlagen trugen Alex Hensel und Michael Lühmann Sorge. Den zivilgesellschaftlichen Aspekt hat stets und kritisch Johanna Klatt im Auge. Auf linke Alternativen zur Sozialdemokratie haben mich Sören Messinger und Jonas Rugenstein, auf Zukunftsperspektiven des Sozialismus Christin Leistner, Yvonne Wypchol, Christian von Eichborn und Christoph Hoeft hingewiesen. Sensibilität für die soziale Frage der Schröder-Ära zeigten Bonnie Pülm und Jöran Klatt. Robert Lorenz achtete wie immer auf die Form des Manuskripts. Und Stine Harm ist die unverzichtbare Hüterin des Ganzen. Ihnen allen bin ich unendlich dankbar – wie seit nun zwanzig Jahren schon Peter Munkelt und auch Astrid Stroh vom sozialdemokratischen Archiv in der Berliner Stresemannstraße.

Das gilt natürlich ebenfalls für den Lektor des Suhrkamp Verlages, Heinrich Geiselberger, der auch dieses Buch wieder angestoßen hat. Er ist ein so außergewöhnlich anregender Gesprächspartner, dass ich, treuer Fan der ostwestfälischen Arminen, ihm sogar seine merkwürdige Sympathie für den FC Bayern München schwersten Herzens nachsehe.

Göttingen, im Januar 2010